新目标汉语 5

口语课本

New Target Chinese Spoken Language

主编 毛 悦

编著 赵秀娟
　　　吴 铮

U0782846

北京语言大学出版社
BEIJING LANGUAGE AND CULTURE
UNIVERSITY PRESS

©2012 北京语言大学出版社，社图号 12097

图书在版编目（CIP）数据

新目标汉语口语课本. 5 / 毛悦主编 ；赵秀娟，吴
铮编著. -- 北京 ：北京语言大学出版社，2012.7 （2024.11重印）
ISBN 978-7-5619-3316-9

Ⅰ．①新… Ⅱ．①毛… ②赵… ③吴… Ⅲ．①汉语－
口语－对外汉语教学－教材 Ⅳ．①H195.4

中国版本图书馆 CIP 数据核字(2012)第 155448 号

新目标汉语口语课本·5

XIN MUBIAO HANYU KOUYU KEBEN·5

责任编辑：王　轩
排版制作：北京鑫联必升文化发展有限公司
插　　图：插图绘制　孙屹等
　　　　　其他插图由 "前图网" "微图网" 提供
责任印制：邝　天

出版发行：北京语言大学出版社
社　　址：北京市海淀区学院路 15 号，100083
网　　址：www.blcup.com
电子信箱：service@blcup.com
电　　话：编辑部　8610-82303647/3592/3395
　　　　　国内发行　8610-82303650/3591/3648
　　　　　海外发行　8610-82303365/3080/3668
　　　　　北语书店　8610-82303653
　　　　　网购咨询　8610-82303908
印　　刷：北京富资园科技发展有限公司

版　　次：2012 年 7 月第 1 版　　印　　次：2024 年 11 月第 8 次印刷
开　　本：889 毫米×1194 毫米 1/16　　印　　张：17.25
字　　数：325 千字
定　　价：97.00 元

PRINTED IN CHINA

凡有印装质量问题，本社负责调换。售后QQ号1367565611，电话010-82303590

目录 CONTENTS

任务目标 Instructional Objectives	重点词语 Key Words	重点语句 Key Sentences	语法点 Grammar Points
第一单元 租房 Unit 1 Renting an Apartment **1**			
能谈论有关租房的话题，并能在汉语环境下，按照自己的意愿完成租房任务	装修、公用、朝、光线、充足、齐全、房东、位置、包含、煤气、中介	1. 你先简单说说你租的那套房子的情况，然后我去问问她。 2. 家具齐全，电器有热水器、冰箱、洗衣机、空调、电视机，就是不能上网。 3. 听起来条件不错，地理位置也好。租金大概是多少呢？ 4. 冬天的暖气费包含在房租里了，另外要付水费、电费、煤气费什么的，一人一半。	1. A来A去，还是…… 2. 不是……，就是…… 3. A不了多少 4. 再说 5. 各……各的 6. 开始，……。后来，……。再后来，……
第二单元 幸福 Unit 2 Happiness **17**			
能谈论"理想对象"和"幸福婚姻"的话题	娶、交流、温柔、勤快、事业、完美、嫁、剩、相亲、举办、对象、稳定	1. 她不想像她妈妈那样，做一个整天洗衣做饭、带孩子的家庭主妇，但她很贤惠，也很勤快。 2. 不管你做什么样的中国菜，她都会说好吃。 3. 其实不管是不是跨国婚姻，夫妻间的相互理解才是最重要的。	1. A像B这样/那样 2. 看把+某人+……的 3. 不管……，都…… 4. 不得不 5. 为/为了……而…… 6. 往往

任务目标 Instructional Objectives	重点词语 Key Words	重点语句 Key Sentences	语法点 Grammar Points

第十五单元　感受中国　Unit 15　Feelings about China　227

任务目标	重点词语	重点语句	语法点
能谈论对中国人或事物的认识和感受	预料、差异、不拘小节、得罪、基础、一言为定、几乎、保存、介意	1. 我原来只知道中国南北方的气候不同，饮食习惯不同，没想到人也有这么大的差异。 2. 不同地域的人，由于地理环境、气候不同，人们的长相、性格、思想观念什么的也会有差异。 3. 北京大大小小的地方我几乎都游遍了，其中最吸引我的还是北京的胡同。 4. 在火车上，无论是硬座、硬卧还是软卧，人们通常都不会介意你在他们身边坐下来休息一下。	1. 倒（是） 2. 大多 3. 一方面……，（另）一方面…… 4. 同时 5. 宁可/宁愿……也/而…… 6. 总之

编写说明 A Guide to the Use of This Book

一、编写背景

近年来，汉语教学界积极引入任务式教学法，但是，由于缺乏真正体现任务式教学理念的教材，很多所谓任务式教学，实际上依然遵循传统教学模式，只是增加了一些任务形式的练习。而任务式教学是应该贯穿于课堂教学乃至课前、课后的始终的，如果不依托真正的任务式教材，任务式教学将很难贯彻。因此，在对学生和教师进行充分的需求分析之后，我们决定编写一套真正体现任务式教学理念的汉语教材。

二、编写理念

本教材是一套口语系列教材，以汉语交际目标为导向，以任务为主线，结合话题、功能、文化，紧紧围绕"任务目标"进行编写。教材内容体现了任务式教学理念的基本要求，即：任务以意义为主，与现实生活的类似活动相关联，任务中包含需要通过语言交际来解决的问题，最后根据结果评估任务的执行情况。

在注重交际性的同时，本教材也充分考虑语言形式的教学，力求在有意义的语言使用过程中聚焦形式，促进学生对形式的掌握，达到形式与意义的有机统一。

三、教材分级

本教材分为 6 册，配有教师用书和多媒体资源包等。6 册教材分别面向不同水平的汉语学习者，具有明确的任务和语言能力发展目标，具体如下：

（1）第一、二册面向零起点及初级汉语学习者，每册 10 个话题单元，话题为一般性非正式话题，或具有可预测性的、常见的日常活动和少数稍具正式性的话题。学习者在与汉语母语者交谈时，可以借助重复等交际策略，使对方理解自己想要表达的内容。任务活动形式侧重于信息差活动和表演活动，学习者通过分工协作，接受不同的听力或阅读材料，然后完成相应的信息差任务和推理差任务。通过学习，学习者能够具备就简单问题进行问答的能力，具备开始一段简单对话并延续话轮、结束对话的能力；语言具有开创性，不再依赖记忆性的词、短语和单句。

（2）第三、四册面向准中级汉语学习者，每册 10 个话题单元，话题大部分属非正式性的，也有一些正式话题，但这些话题是跟个人有关并能引起大众兴趣和广泛讨论的话题。这时学习者已经具备了一定的非正式话题的交际能力，因此，任务形式侧重于推理差和意念差活动，学习者通过不同的分组、模拟、表演等任务形式，能够比较、叙述并说明过去、现在、未来的时间及经验，具备处理未能预期且较为复杂的情况的能力。

（3）第五、六册面向中级汉语学习者，每册15个话题单元，大部分话题较为正式，涉及当今世界政治、经济、文化、生活、体育等方面一些大家感兴趣的内容。在这一阶段，学习者应能够串联起若干简单段落，进行较长的成段表达。任务形式延续推理差和意念差活动，并引入具有一定难度的阅读材料，引导学生通过讨论、协商完成教师布置的任务。学习者应能就给出的问题进行较为广泛充分的讨论，提出假设，表达自己支持或反对的论点。

总而言之，《新目标汉语口语课本》将以不同层次的任务目标为蓝图，配合相关语言形式，将基本语言话题由日常生活熟悉的、可预测的、非正式的话题提升至较正式的、为一般人所关心的文化、社会主题，帮助学生习得叙述、说明、解释、表达意见、讨论、比较、分析等能力。教材的内容及任务目标和语言形式的安排都是循序渐进、螺旋式循环上升的。

四、教材体例

本教材以任务目标划分教学单元，每个单元包含"学习目标"、"导入"、"头脑风暴"、"生词总动员"、"任务及活动"、"语法点注释"、"学习后任务"、"自我评估"、"文化小贴士"（第五、六册不含）9个部分。从引入话题入手，循序渐进，以任务为主体，涵盖生词、语言形式、交际策略、文化背景等方方面面，螺旋式上升，为学习者提供丰富真实的交际材料，供教师灵活选择。各部分内容分别介绍如下：

（1）学习目标

包括本单元话题、任务目标、重点词语、重点语句、语法点，可作为教师把握教学重点和难点的依据，也可作为学生预习或复习的标准。

（2）导入

从一个与话题相关的问题入手，配合生动的图片，引导学习者熟悉本单元将要学习的话题，让学生开动脑筋，以便进入下一环节——"头脑风暴"。

（3）头脑风暴

这一部分引入了思维导图的最新研究成果，将与本单元任务目标相关的词语分层级地呈现给学习者，帮助学习者打开思路，激活学习者的认知图式，为进入下一环节"生词总动员"作准备。由于这一环节的词语采用发散性思维方式呈现，因此并非所有词语都要求学生掌握，教师可根据需要指导学生，学生也可根据这一部分进行预习或扩展自己的词汇量。

（4）生词总动员

这一部分通过大量丰富的图片和任务式活动，帮助学习者开动脑筋，学会使用目标词语。大量活动以语言结构的形式帮助学习者使用词语，因此这一部分也起到了复习旧课、承接新课语言点的作用。通过这部分的学习，学习者能够在合适的场景中正确使用目标任务相关词语。"生词总动员"后附"生词大盘点"，帮助教师和学生更好地把握本单元重点词语。

（5）任务及活动

这一部分是每个单元的重点，包括"任务示范"、"分步任务活动"和"综合任务活动"三部分。其中"任务示范"给学习者提供一个实用、具体、有趣的对话或语段，配合情景介绍和图片，给学习者以直观形象的示范。"分步任务活动"重在解决本单元相关语言形式和语言点的使用问题，通过大量丰富的任务式活动，循序渐进地带领学习者在互动中学会正确使用目的语。"综合任务活动"旨在综合运用本单元相关词语和语言形式，完成本话题下的典型任务，并提供相关的新活动，以提升学习者的交际能力和交际策略。总之，"任务及活动"部分通过由典型到发散、由简单到复杂的任务活动，带领学习者螺旋式上升，解决实际交际问题。教师可根据实际教学情况，全部采用或选取部分任务式活动进行练习。

（6）语法点注释

每个单元包含"语法点注释"，涵盖本单元出现的重要交际性语言点，既包含语言形式，也包含语用层面、功能层面上的语言使用说明。这不仅为教师备课提供了参考，而且简洁、明了、典型的解释和例句也为学生把握语言点提供了有利的帮助。

（7）学习后任务

这是本教材编写理念的重要组成部分，是让学习者真正到生活中"用语言做事"的重要环节。因此，本教材每个单元都设计了一个涵盖全单元所有内容的综合任务活动，引导学习者课后"做事"，并在生活中检验自己的学习成果。为了保证这部分切实有效地发挥作用，建议教师在下一次上课时对这一部分进行检查。

（8）自我评估

"自我评估"旨在帮助学习者检验自己的学习成果。这一部分设计了一些富有趣味性的活动，检验学习者词汇、语法点、交际技能的掌握情况。既可作为学生的课后作业，也可用于教师的课堂评估。

（9）文化小贴士

这一部分是本教材的特色。不同于传统教材注重民俗文化、历史文化等"大文化"的特点，本教材每单元所选取的文化点都是跟任务目标相关的生活文化，配合"图片看中国"的直观图片，反映现代中国和中国人的生活状态，为学习者提供语言交际的真实文化场景。教师可引导学习者自学或为学生提供相关视频材料进行深入了解。

五、教材特色

（1）注重任务

本教材以任务式教学理念贯彻始终，每个单元都包含任务的引入、展示、"做事"、汇报、总结的环节，每个单元的各部分之间、各单元之间的教学内容和任务活动不断重现，螺旋式上升。

（2）兼顾语言形式与意义

教材编写兼顾语言形式与意义，语法点的设置具有很强的系统性，任务的实施暗含语言形式的操练，实现了形式与意义的统一，能够有效培养学习者语言使用的流利性和准确性。

（3）故事性强

本教材以来华留学生大龙与一个中国家庭的故事为主线，设计"任务示范"，因此每个单元的"任务示范"环节都是故事中的一个情节。这些故事情节围绕大龙在中国的见闻和众多相关人物的生活、工作情况展开，既包含学习、生活、工作，也包含中国国情、文化、历史等方面的内容。每个单元都有新的故事场景，每册课本都会进入一个新的故事阶段，人物的命运也会随着故事的深入而逐步展现在学习者面前。

（4）兼顾趣味性和实用性

由于本教材采用了大量反映中外真实生活的图片，并配合了灵活多样的活动方式，因此学习者将不断面对不同的感官、思维冲击。为了完成不同的任务，学习者要积极寻求语言的帮助。本教材采用故事性主线，根据人物之间的生活和文化冲突设计故事情节，增加了任务示范的趣味性；同时考虑到文化适应，也兼顾了实用性。

六、学时建议

建议第一～四册每单元用 4～6 课时完成，第五、六册每单元用 6～8 课时完成。

导　读　Readers' Guide

第五、六册每个单元的基本体例如下：

题目　TITLE		
学习目标　LEARNING OBJECTIVES		
导入　WARM-UP		
一、头脑风暴　BRAINSTORM		
二、生词大盘点　VOCABULARY LIST		
三、任务及活动 TASKS AND ACTIVITIES	（一）任务示范　Task Demonstration	
	（二）语法点注释　Grammar Notes	
	（三）分步任务活动　Implement Tasks Step by Step	
	（四）综合任务活动　Comprehensive Tasks	
四、学习后任务　REVIEW TASKS		
五、自我评估　SELF-EVALUATION	1. 评价自己对本单元词语、句子掌握的情况。 Evaluate how well you've learned the words and sentences in this unit.	
	2. 选择正确的应答。Choose the correct answers.	
	3. 答一答。Answer the questions.	

- **学习目标　LEARNING OBJECTIVES：**

　　依据国家汉办颁布的《国际汉语教学通用课程大纲》，主要包括话题、任务目标、重点词语、重点语句、语法点等5个方面。

　　*作用：*对本单元应掌握的重要内容进行归纳和梳理。

　　*操作方法：*可以用于学习者的课前预习、课后复习以及查阅。

- **导入　WARM-UP：**

　　*作用：*激发学生对该任务话题的关注与兴趣，提高表达欲望，营造出浓厚的学习气氛，为本单元任务话题的学习作好准备。

　　*操作方法：*在学习者进入本单元新话题的学习之前，教师通过"导入"部分的问题，迅速将学生带入本单元任务话题情景。

- **头脑风暴　BRAINSTORM：**

　　以"思维导图"的形式呈现与本单元任务话题相关的一系列词语的集合，这些词语都是从一到两个与任务话题相关的核心词发散出来的，作启发思维之用，不要求全部掌握。

作用： 可以激发和活跃学生的发散性思维，激活学生大脑中关于这个话题的认知图式的相关信息，使学生积极主动地思考在表达该话题时需要哪些词语，启发联想力，增强记忆力，满足个性化表达的需要，为下面任务活动的开展提供必要的词汇储备。

操作方法： "头脑风暴"部分可以是学生课前预习时独立思考，以打开思路；也可以是课堂上教师给出核心词，学习者分组或者全班一起进行发散性思考。"头脑风暴"的内容不要求学生全部掌握，学生可根据水平和需要自行选择要学习的部分。

● 生词大盘点　VOCABULARY　LIST：

"生词大盘点"列出的是本课应该掌握的生词，教师可运用多种教学手段和方法让学生掌握所列生词的发音、意义和用法。为方便学生对照课文查找生词，词表中词语的排列是以课文的顺序呈现的。教师在教学过程中可根据教学需要将同类词放在一起呈现，以便学习者记忆学习。

作用： 帮助学生在课前对生词进行有效的预习，或者在课堂讲解后对学习效果进行检测。

操作方法： 可以作为学生课前预习生词后的自测，也可作为教师讲解完生词以后的练习。推荐用作前者。

● 任务及活动　TASKS AND ACTIVITIES：

（一）任务示范　Task Demonstration

作用： 给学生提供规范真实的表达范例，进行语言输入。

操作方法： 教师可通过朗读、问答、对话、扩展等多种讲练方法来处理每段课文，包括课文中涉及的重要语法点。

（二）语法点注释　Grammar Notes

作用： 给学习者提供系统、清晰的语法结构以及典型例句，可以帮助学习者理解、记忆本单元的语法结构，同时在此基础上进行有效扩展。

操作方法： 可以用于学习者课前预习或课后复习时查阅。

需要说明的是，由于在实际教学中，师生互动的情况在教材编写时很难准确预测，因此我们在任务活动中提供的提示语一般都比较简单，建议教学中仅仅作为参考，师生不必囿于提示语的范围进行练习。

（三）分步任务活动　Implement Tasks Step by Step

这一部分中设计了一些"子任务"，任务的类型涉及：焦点型任务、信息差任务、拼合型任务、罗列清单型任务、排序分类型任务、比较型任务、解决问题型任务、小组任务、全班任务等。每个任务都设计了明确的任务要求和具体的任务成果。

作用： 通过完成一系列贴近目标情景的任务，实现语言输出。其中针对本单元的重点语言形式设计的一些焦点型任务充分兼顾了形式与内容，有助于学习者更好地掌握完成本话题任务所必需的语言形式。

操作方法： 教师可以在处理完"生词大盘点"、"任务示范"和"语法点"之后，根据本班学生的实际情况，选做任务活动。

（四）综合任务活动 Comprehensive Tasks

"综合任务活动"的类型与"分步任务活动"相同。

*作用：*贯彻"做中学"、"用中学"、"体验中学"的特点，将真实的语言材料引入学习环境，以完成综合任务的形式进行信息或观点等的交流和传递，体验自己的学习过程，使学习者以合作的方式参与到发现问题、解决问题的过程中来，成为独立、自主、高效的学习者。

*操作方法：*在完成分步任务活动之后，教师可以根据本班学生的实际情况，选做任务活动。每单元的"综合任务活动"中都设计了一两个角色扮演型任务，这类任务是对"任务示范"的扩展和活用，教师可以根据自己的教学设计放在"任务示范"后处理，也可在"综合任务活动"中处理。

- **学习后任务** REVIEW TASKS：

*作用：*通过布置需要在课后完成的任务，帮助学习者及时复习、巩固课堂上所学的内容；同时，为了完成任务，学习者需要到真实的社会环境中去获取信息，这有助于提高学习者用汉语进行沟通的能力。

*操作方法：*由学习者在课后独立或合作完成，下次上课的时候，教师可以用汇报等形式检查任务的完成情况。

- **自我评估** SELF-EVALUATION：

*作用：*自我评估部分一般包括三个部分：（1）评价自己对本单元词语、句子掌握的情况。（2）客观性选择题是对本单元语法点的掌握情况进行诊断性测试。（3）通过对综合性问题的回答，检测学习者对本课内容的综合掌握情况。

*操作方法：*课堂教学结束后，用于学生自我检测。

词类简称表　Abbreviations

1	名	名词	míngcí	noun
2	代	代词	dàicí	pronoun
3	形	形容词	xíngróngcí	adjective
4	动	动词	dòngcí	verb
5	能动	能愿动词	néngyuàn dòngcí	optative verb
6	副	副词	fùcí	adverb
7	数	数词	shùcí	numeral
8	量	量词	liàngcí	measure word
9	介	介词	jiècí	preposition
10	连	连词	liáncí	conjunction
11	助	助词	zhùcí	particle
		语气助词	yǔqì zhùcí	modal particle
		结构助词	jiégòu zhùcí	structural particle
		动态助词	dòngtài zhùcí	aspect particle
12	叹	叹词	tàncí	interjection
13	拟声	拟声词	nǐshēngcí	onomatopoeia
14	头	词头	cítóu	prefix
15	尾	词尾	cíwěi	suffix

人物介绍　Introduction to the Characters

白大龙
Bái Dàlóng
Bai Dalong

美国留学生，在北京语言大学学习汉语。阳光，开朗，热爱运动、音乐，打算在大学做东亚研究。张丽的家是他的中国家庭。

张　丽
Zhāng Lì
Zhang Li

大龙的中国妹妹。大学生，在北京大学学习英语。温柔，美丽，热爱读书、音乐，有很多好朋友。

张大年
Zhāng Dànián
Zhang Danian

大龙的中国爸爸，北京大学的教授。很有学问，专门研究东西方文化差异，喜欢油画。

李　月
Lǐ Yuè
Li Yue

大龙的中国妈妈，北大医院的儿科大夫。很有耐心，很温柔，喜欢烹饪，中国菜做得很好吃。

李　伟
Lǐ Wěi
Li Wei

张丽的高中同学，现在一边上大学，一边在中关村打工。英语不错，工作和学习都很忙，喜欢张丽。

查　理
Chálǐ
Charlie

李伟的同事，英国人，常来北京出差。以前在北京学过汉语，现在能说一口流利的汉语。不太爱讲话，可是很幽默。

美　善
Měishàn
Meishan

大龙班里的美国同学。混血儿，爸爸是韩国人，妈妈是日本人，她自己在美国出生。活泼开朗，喜欢音乐和运动，也喜欢大龙。

艾　娜
Àinà
Edna

大龙班里的美国同学。因为喜欢旅行，所以来学习汉语。很幽默，爱好跳舞，喜欢大龙。

ix

第一单元
Unit 1

租房
Renting an Apartment

话题 Topic	租房
任务目标 Instructional Objectives	能谈论有关租房的话题，并能在汉语环境下，按照自己的意愿完成租房任务
重点词语 Key Words	装修、公用、朝、光线、充足、齐全、房东、位置、包含、煤气、中介
重点语句 Key Sentences	1. 你先简单说说你租的那套房子的情况，然后我去问问她。 2. 家具齐全，电器有热水器、冰箱、洗衣机、空调、电视机，就是不能上网。 3. 听起来条件不错，地理位置也好。租金大概是多少呢？ 4. 冬天的暖气费包含在房租里了，另外要付水费、电费、煤气费什么的，一人一半。
语法点 Grammar Points	1. A 来 A 去，还是……　　4. 再说 2. 不是……，就是……　　5. 各……各的 3. A 不了多少　　　　　　6. 开始，……。后来，……。再后来，……

导入　WARM-UP

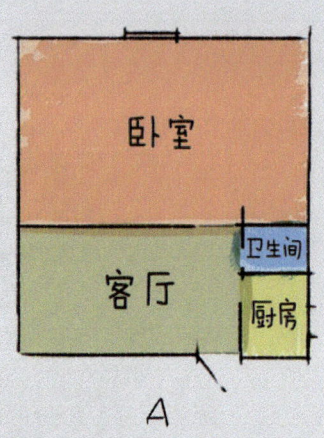

A

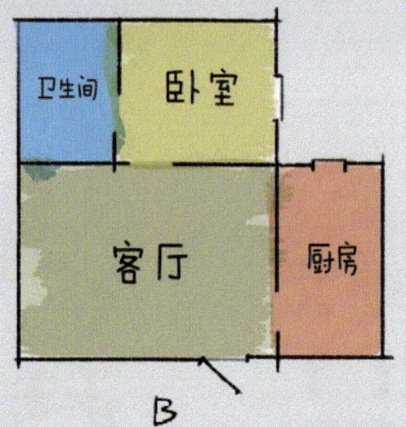

B

1. 你喜欢租房还是买房?

2. 上面的房子,你喜欢哪一套? 为什么?

头脑风暴 BRAINSTORM

1. 除了"桌子",你还能说出哪些家具?

▸ 桌子 ▸ _____ ▸ _____

▸ _____ ▸ _____ ▸ _____

2. 除了"电视机",你还能说出哪些电器?

▸ 电视机 ▸ _____ ▸ _____

▸ _____ ▸ _____ ▸ _____

3. 房子里,除了"客厅",还有哪些房间?

▸ 客厅 ▸ _____ ▸ _____

▸ _____ ▸ _____ ▸ _____

 二 生词总动员 **WORD POWER**

生词大盘点   VOCABULARY LIST

1	跳槽	tiào cáo		job-hopping
2	精	jīng	形	fine, refined
3	装修	zhuāngxiū	名/动	fitment; to fit up (a house, etc.)
4	公用	gōngyòng	动	for public use
5	朝	cháo	介	towards, facing
6	光线	guāngxiàn	名	ray of light
7	充足	chōngzú	形	enough, sufficient
8	齐全	qíquán	形	complete, all in readiness
9	房东	fángdōng	名	landlord
10	开通	kāitōng	动	to open, to be in operation
11	地理	dìlǐ	名	geography
12	位置	wèizhi	名	position, location
13	包含	bāohán	动	to include
14	煤气	méiqì	名	gas
15	中介	zhōngjiè	名	agency
16	帖子	tiězi	名	post, thread
17	省	shěng	动	to save (money)
18	提供	tígōng	动	to provide
19	时代	shídài	名	times, era
20	信息	xìnxī	名	information
21	运气	yùnqi	名	luck
22	咨询	zīxún	动	to consult
23	犹豫	yóuyù	形	hesitant
24	负责	fùzé	动	to be in charge of, to be responsible for
25	贷款	dàikuǎn	动/名	to borrow from the bank, to provide a loan; loan

新目标汉语口语课本 5

三 任务及活动 TASKS AND ACTIVITIES

（一）任务示范一 Task Demonstration Ⅰ

故事场景 艾娜请她的朋友李伟帮她介绍一个合租房子的人。

4

艾　娜：李伟，跟我合租的那个女孩儿最近因为跳槽从我那儿搬出去
　　　　了。我想再找一个人合租，你们公司有没有要租房的人呀？

李　伟：最近，真有一个女孩儿要租房子。她在网上找来找去，还是
　　　　没找到合适的。不是太贵，就是离公司太远。

艾　娜：那就让她跟我合租吧。

李　伟：你先简单说说你租的那套房子的情况，然后我去问问她。

艾　娜：我租的是一套两居室，两室一厅一卫，82平米，精装修。现
　　　　在我住着主卧，空着一个次卧。客厅、阳台、卫生间都是公
　　　　用的。

李　伟：那个次卧有多大呀？

艾　娜：主卧14平米，次卧比主卧小不了多少，大概12平米吧。卧室都
　　　　朝南，光线充足。

李　伟：家具和电器呢？

艾　娜：家具齐全，电器有热水器、冰箱、洗衣机、空调、电视机，
　　　　就是不能上网。

李　伟：没有网线吗？

艾　娜：有。如果需要，就让房东帮忙开通一下。房东是个很好说话
　　　　的人。

李　伟：听起来条件不错，地理位置也好。租金大概是多少呢？

艾　娜：租金一共是2800。我住主卧，付1500，住次卧的付1300。冬天的暖气费包含在房租里了，另外要付水费、电费、煤气费什么的，一人一半。

李　伟：行，我帮你问问她。不行的话，就请房屋中介帮你找一个呗。

艾　娜：那还得交中介费。要是你的同事不愿意，我就在网上发个帖子，找一个室友。

李　伟：你可真会省钱。

（二）语法点注释一 Grammar Notes Ⅰ

1 她在网上**找来找去**，**还是**没找到合适的。

"A来A去，还是……"，表示虽然经过多次重复行为A，但是结果或目的不变。例如：

①想来想去，我还是决定留在中国。

②他算来算去，还是没算清楚一共多少钱。

③我们在商场逛来逛去，还是没买到合适的衣服。

2 **不是**太贵，**就是**离公司太远。

"不是……，就是……"，表示只有两种情况，有时候带有对这两种情况都不满意的意思。例如：

①最近的天气真奇怪，不是太冷，就是太热。

②这孩子心里只想着玩儿，不是上网，就是打游戏。

③最近他总是生病，不是感冒，就是拉肚子。

3 次卧比主卧小不了多少。

"A不了多少"，其中A是形容词。表示差别不大。例如：

①哥哥比弟弟大三岁，但是个子高不了多少。

②我觉得这条路比那条路近不了多少。

③他认识的汉字比我多不了多少。

（三）分步任务活动一 Implement Tasks Step by Step Ⅰ

1 我住的地方

（两人活动）用"A来A去，还是……"回答问题，再问问同学并记下来。

提示语：找来找去、想来想去、看来看去、算来算去、比较来比较去、商量来商量去

问题	我	我的同学
你住在校内还是校外？为什么？		
你一个人住还是和别人合住？为什么？		
你自己租房住还是和别人合租？为什么？		
如果你自己租房，你每个月付多少钱？		
如果你跟别人合租，你们每人付多少钱？		

（说一说）模仿下面的例子介绍你的同学住的地方。

例

　　李伟的同事和我合租一套房子。原来她自己在网上找，但是找来找去，还是没找到合适的房子。她现在每个月付1300块钱，她觉得有点儿贵，但是跟房东商量来商量去，还是不能便宜。虽然房租有点儿贵，但是这套房子离她公司很近，想来想去她还是决定住这儿了。

2　我不满意的情况

说一说　对下面这些，你觉得满意吗？选出你不满意的，并说出两个原因。

☐ 现在的房子　　☐ 现在的工作　　☐ 最近的天气　　☐ 我的朋友

☐ 我的老板　　☐ 我的孩子　　☐ 我的身体　　☐ 我做的菜

例　中介介绍的房子不是太贵，就是离公司太远。

两人活动　两人一组进行对话，看看你们的看法一样吗。

	满意	不满意
我		
我的同学		

你们可以这样说

A：你对……满意吗？

B：别提了！……，不是……，就是……。

A：我也是。……，不是……，就是……。

A：你对……满意吗？

B：挺满意的。……

3　和同学比一比

两人活动　① 回答问题，再问问同学并记下来。

问题	我	我的同学	差不多
例：电子词典多少钱？	1500块	1550块	✓
a. 个子多高？			
b. 年龄多大？			

问题	我	我的同学	差不多
c. 学习汉语的时间多长？			
d. 是什么时候来中国的？			
e. 口语水平怎么样？			
f. 住的房间有多大？			
g. 每个月房租多少钱？			
h. 从住的地方到教室要多长时间？			

② 根据上面的回答，和同学进行对话。

例　A：你的电子词典多少钱？
　　B：1500。你的呢？
　　A：1550块。我买贵了。
　　B：差不多，我的便宜不了多少。

说一说　听别的同学的对话，说说他们哪些情况差不多。

例　大卫的电子词典比玛丽的便宜不了多少。

（四）综合任务活动一　Comprehensive Tasks Ⅰ

1 艾娜的房子

说一说　根据下面的提示，介绍艾娜房子的情况。

	艾娜的房子
基本情况	……是一套……，……室……厅……卫，82……，……装修。
卧室情况	主卧……，次卧比主卧……，大概12平米。两个卧室都……，光线……。
家具和电器	家具……，电器有……。
房租	一共2800。住……的付……，住……的付……。……包含在……里了，但是要另付……。
其他	房东是个……人。地理位置……。

2　我想租这样的房子

小组活动　① 根据下面的提示，说说自已租房的要求。

	我想租的房子
基本情况	我想租一套……，……室……厅……卫，……平米，……装修。
卧室情况	房间的主卧……，次卧……。两个卧室……，光线……。
家具和电器	房间里家具……，电器……。
房租	如果和别人合租，那住……的付……，住……的付……。……包含在……里，……费、……费……。
其他	房东最好是……人。地理位置……。……

② 每个小组选一个代表，简单记录大家的看法。

同学＼内容	基本情况	卧室情况	家具和电器	房租	其他

3　你们的租房要求一样吗？

班级活动　每个小组选一个代表，说说你们这个小组的租房要求一样吗，有什么特别的要求。

你可以这样说	
要求基本一样	**要求不一样**
我们这个小组的租房要求基本一样。我们都想租……的房子。卧室要……。家具……，电器……。	我们这个小组的租房要求不太一样。……要租……的房子，他喜欢……，不喜欢……。……要租……的房子，他喜欢……，不喜欢……。另外，……。

（五）任务示范二 Task Demonstration Ⅱ

我的租房生活

我大学一毕业就来到上海工作。由于公司不提供宿舍，我只好租房子住。虽说现在进入了网络时代，各种租房网站的信息不少，但我在网上"逛"了两天，也没找到合适的。后来，我找到一家房屋中介，想碰碰运气。一进门，看见一个小伙子正在咨询租房的事。工作人员听说我也要租房，就建议我们俩合租一套两居室。我心想男女共用客厅和卫生间，多不方便啊。工作人员见我有点儿犹豫，就说："你一个女孩子，自己住不安全！跟男孩子合住，还可以保护你呢，再说，也能省不少租金呢。"小伙子似乎也看出了我的担心，就拿出自己的身份证和工作证说："我叫徐亮，在报社工作。"我看他不像坏人，就同意了。

我的租房生活开始了。开始，我们各吃各的。徐亮的厨艺不错，经常给自己做两菜一汤。日子长了，徐亮看我不是下饭馆，就是吃泡面，便叫我跟他一起吃晚饭。我负责买，他负责做。打扫房间的活儿也是我们两个人一起干。奇怪的是在合租人之间常常发生的矛盾，在我们俩之间却没有出现。后来，他出差的时候，我开始想他。再后来，徐亮跟我说他贷款买了新房子，想跟我生活一生一世……

（六）语法点注释二 Grammar Notes Ⅱ

1 跟男孩子合住，还可以保护你呢，再说，也能省不少租金。

"再说"，连词，有"而且"的意思，用于进一步说明原因。例如：

①今天刮风，再说，你身体又不好，就别出去了。

②我不喜欢去酒吧，再说，快要考试了，我得复习复习。

③来中国学习，可以提高汉语水平，再说，也能了解中国文化。

2 开始，我们各吃各的。

"各……各的"，表示自己做自己的事，不和别人一起做。例如：

①平时他们各忙各的，很少有机会见面。

②我爱古典音乐，妹妹爱流行音乐。所以我们都各听各的。

③大家各说各的，谁也不愿意听听别人的意见。

3 开始，我们各吃各的。……后来，他出差的时候，我开始想他。再后来，徐亮跟我说他贷款买了新房子，想跟我生活一生一世……

"开始，……。后来，……。再后来，……"，常常用来回忆一件事情发生、发展的过程。例如：

①开始，我只能跑1000米。后来，可以每天跑3000米。再后来，我就参加了马拉松比赛。

②开始，我只认识500个汉字。后来，我一边查词典一边读报纸。再后来，我开始读一些小说。

③开始，我们不认识。后来，住在一个楼，见面的时候常常打招呼。再后来，我们成了好朋友。

（七）分步任务活动二　Implement Tasks Step by Step Ⅱ

1　我对租房的看法

说一说　你对租房的看法。

例	（　）自己住 （✓）跟男孩子合住	我喜欢跟男孩子合住。	跟男孩子合住，可以保护我。再说，也能省不少租金。
1	（　）住在校内 （　）住在校外		
2	（　）一个人住 （　）跟别人合住		
3	（　）自己租房 （　）找房屋中介		

两人活动　你们的看法一样吗？

你们可以这样说

A：你喜欢……还是……？

B：我喜欢……。……可以……。
再说，……。你呢？

A：我还是喜欢……。……可以……。
再说，……。

A：你喜欢……还是……？

B：我喜欢……。……可以……。
再说，……。你呢？

A：我也喜欢……。

2　我和徐亮各吃各的

调查活动 调查一下你们班的同学，用"各……各的"说一说。

1. ＿＿和＿＿各忙各的。　　　3. ＿＿和＿＿各说各的。

2. ＿＿和＿＿各写各的。　　　4. ＿＿和＿＿各听各的。

 例 我和徐亮各吃各的。

你们可以这样说

A：你经常和你的同屋（哥哥、姐姐、弟弟、妹妹、丈夫、妻子）一起……吗？

B：不。我们各……各的。

A：你……的时候，他/她做什么？

B：我……，他/她……。

A：你经常和你的同屋（哥哥、姐姐、弟弟、妹妹、丈夫、妻子）一起……吗？

B：是啊，我们经常一起……。

3　学习汉语的经历

两人活动 回忆一下，你怎么开始喜欢汉语、学习汉语，然后来到中国学习的。

你们可以这样说

A：你是怎么开始喜欢汉语的？

B：开始，我……。

A：后来呢？

B：后来，我……。

A：再后来呢？

B：再后来……。

说一说 你的同学学习汉语的经历。

新目标汉语口语课本 **5**

14

1 跟男人/女人合租房子好吗？

（说一说）你愿意跟男人/女人合租房子吗？说说好处或者坏处。

好处	坏处
1. 跟……合住，他/她可以……。 再说，……。	1. 男女共用……，多不方便啊。 再说，……。
2. 如果同屋会……，还可以跟他/她 一起……。	2. 平时，他/她……，我……， 各……各的。不可能一起……。
3. ……活儿也可以两个人……。	3. 如果同屋很……，还得……。
4. 房租也……。	4. ……活儿也不可能……。
……	……

2 我不同意你的看法

（两人活动）根据上面的问题，找一个看法不同的同学一起练习，试着说服对方。

3 你有没有租房的经历？

（说一说）用下面的提示语，说说自己租房的经历。

提示语：我……到……工作（学习）。由于……，我只好……。虽说……，
但我找来找去，还是没找到合适的。于是我……。……建议
我……。我心想……，就……。后来，我……。再后来……，
我……了。

四 学习后任务　REVIEW TASKS

1 你知道哪些房屋中介或租房网站的名字？

房屋中介有：　我爱我家　　　　　　　　　　＿＿＿＿＿＿＿

租房网站有：＿＿＿＿＿＿＿＿＿　　　　＿＿＿＿＿＿＿

2 调查3～5位中国人的住房情况。

	租房/买房	自己住/合租	几居室	满意/不满意
1				
2				
3				
4				
5				

3 你知道在中国怎样租房吗？问问你的中国朋友，他/她是怎样租到房子的？

4 如果你的朋友想租房，你会建议他/她租什么样的房子？最重要的是什么？

□ 房间大　　　　□ 精装修　　　　□ 租金便宜　　　　□ 卧室朝南

□ 家具家电齐全　□ 能上网　　　　□ 房东好　　　　　□ 地理位置好

五　自我评估　SELF-EVALUATION

1 在完成学习后任务的时候，你用了多少刚学过的词语和句子，请画"√"。

① 我用的生词数量是：

□5～10个　　　□10～15个　　　□15～20个　　　□20个以上

② 我用的句子数量是：

□3～5个　　　　□5～10个　　　　□10～15个　　　□15个以上

2 选择正确的应答。

① A：你找到合适的房子了吗？　　（　　　）

　B1：找来找去，还是没找到合适的。

　B2：找来找去，还是不找到合适的。

② A：为什么找不到合适的房子？　　（　　　）

　B1：不是太远，还是太贵。

　B2：不是太远，就是太贵。

③ A：我住的地方很远，坐车要一个小时。　（　　　）
　 B1：我住的地方近不了多少，坐车也要四五十分钟。
　 B2：我住的地方远不了多少，坐车也要四五十分钟。

④ A：这套房子，虽然贵了点儿，但是离学校很近。　（　　　）
　 B1：是啊，再说，房间也干净。
　 B2：是啊，再说，坐车不方便。

⑤ A：我什么时候去还定不下来，今天不能跟你一起去买火车票了。　（　　　）
　 B1：那咱们就各买各的吧。
　 B2：那咱们就各去各的吧。

⑥ A：开始，我们不认识。后来，我们成了同事。　（　　　）
　 B1：再以后呢？
　 B2：再后来呢？

3 答一答。

① 你现在知道几个租房网站和房屋中介的名字？　（　　　）
　 A. 3个　　　　　B. 3个以下　　　　　C. 3个以上

② 你现在可以用汉语说出你的租房要求吗？　（　　　）
　 A. 可以　　　　B. 不可以

③ 你用汉语介绍你的租房经历了吗？　（　　　）
　 A. 是　　　　B. 否

④ 参加了同学们的讨论，你觉得大家对异性合租的看法一样吗？　（　　　）
　 A. 基本一样　　B. 不一样

4 关于你所在的城市的租房情况，你现在了解到哪些新的信息？

① ＿＿＿＿＿＿＿＿＿＿＿＿＿＿＿＿＿＿＿＿＿＿＿＿＿＿＿

② ＿＿＿＿＿＿＿＿＿＿＿＿＿＿＿＿＿＿＿＿＿＿＿＿＿＿＿

③ ＿＿＿＿＿＿＿＿＿＿＿＿＿＿＿＿＿＿＿＿＿＿＿＿＿＿＿

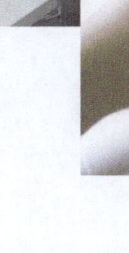

第二单元
Unit 2

幸福
Happiness

话题 **Topic**	幸福
任务目标 **Instructional Objectives**	能谈论"理想对象"和"幸福婚姻"的话题
重点词语 **Key Words**	娶、交流、温柔、勤快、事业、完美、嫁、剩、相亲、举办、对象、稳定
重点语句 **Key Sentences**	1. 她不想像她妈妈那样，做一个整天洗衣做饭、带孩子的家庭主妇，但她很贤惠，也很勤快。 2. 不管你做什么样的中国菜，她都会说好吃。 3. 其实不管是不是跨国婚姻，夫妻间的相互理解才是最重要的。
语法点 **Grammar Points**	1. A 像 B 这样／那样　　4. 不得不 2. 看把＋某人＋……的　　5. 为／为了……而…… 3. 不管……，都……　　6. 往往

新目标汉语口语课本

5

18

导入　WARM-UP

下面是一项关于幸福婚姻的调查结果。
幸福的婚姻，什么最重要？

☐ 家务　　☐ 孩子

☐ 房子　　☐ 收入

☐ 爱情

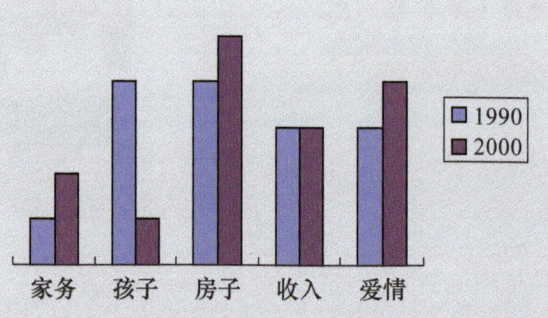

	1990
	2000

家务　孩子　房子　收入　爱情

除了上面提到的这些，你觉得还有什么
很重要？

 头脑风暴　BRAINSTORM

1. 你学过哪些形容女人的词？

　▶　漂亮　　　　　▶　_____　　　　　▶　_____

　▶　_____　　　　　▶　_____　　　　　▶　_____

2. 你学过哪些形容男人的词？

　▶　帅　　　　　▶　_____　　　　　▶　_____

　▶　_____　　　　　▶　_____　　　　　▶　_____

生词总动员　**WORD POWER**

生词大盘点　VOCABULARY LIST

1	娶	qǔ	动	to marry (a woman)
2	交流	jiāoliú	动	to communicate
3	解气	jiě qì		to vent one's anger
4	温柔	wēnróu	形	tender, gentle and soft
5	贤惠	xiánhuì	形	(of a woman) virtuous
6	开放	kāifàng	形	open, open-minded
7	勤快	qínkuai	形	hard-working
8	事业	shìyè	名	enterprise, career
9	完美	wánměi	形	perfect
10	爱屋及乌	ài wū jí wū		Love me, love my dog.
11	观念	guānniàn	名	concept, idea
12	跨国	kuà guó		transnational
13	嫁	jià	动	to marry (a man)
14	圈子	quānzi	名	circle
15	剩	shèng	动/形	to be left over, to remain; surplus
16	相亲	xiāng qīn		marriage interview
17	终身	zhōngshēn	名	lifelong, for life
18	举办	jǔbàn	动	to hold (a meeting, event, etc.)
19	主动	zhǔdòng	形	active
20	对象	duìxiàng	名	boyfriend or girlfriend
21	稳定	wěndìng	形	stable, steady
22	受伤	shòu shāng		to get hurt
23	标准	biāozhǔn	名	standard

新目标汉语口语课本 5

20

三 任务及活动 TASKS AND ACTIVITIES

（一）任务示范一 Task Demonstration Ⅰ

 在一次聚会上，夏红遇到了大学同学张远。

张 远：嗨，老同学，几年没见，你还是那么漂亮！

夏 红：我都当妈了，你就别拿我开玩笑了。听说你娶了个韩国太太，跟你一起来了吗？

张 远：没有。她不会说汉语，我让她去逛街了。

夏 红：那你们平时交流起来方便吗？

张 远：我们是在英国留学的时候认识的，平时我们说英语。她不懂汉语，也挺好的。

夏 红：对，吵架的时候，你们可以用自己的母语说解气的话。你太太比中国女孩儿更温柔、贤惠吧？

张 远：我太太比较现代、开放。她不想像她妈妈那样，做一个整天洗衣做饭、带孩子的家庭主妇，但她很贤惠，也很勤快，所以她刚来中国两个月就找了一个工作。

夏 红：你们俩都上班，谁做饭呀？

张 远：一般还是我太太做，我偶尔也会下厨房。

夏 红：你做的菜能吃吗？

张 远：当初，我太太就是因为我会做一手好菜爱上我的。她说我有事业心，又不像韩国男人那么大男子主义，是个完美的男人。

夏　红：看把你美的！ 我看你太太是爱屋及乌，不管你做什么样的中国菜，她都会说好吃。你们这对"中韩组合"真是令人羡慕。不过我们班的王丽就没有你这么幸运了。

张　远：她不是嫁给了一个美国人吗？

夏　红：是啊。可是王丽刚到美国的时候，他丈夫就问她："你带来了多少钱？"这让王丽很不舒服。还有，他们的很多生活习惯、思想观念也不一样，所以两个人从最初的相爱变成了后来不停的争吵。

张　远：他们现在怎么样了？

夏　红：离婚了。

张　远：其实不管是不是跨国婚姻，夫妻间的相互理解才是最重要的。

（二）语法点注释一 Grammar Notes Ⅰ

1 她**不想像**她妈妈**那样**，做一个整天洗衣做饭、带孩子的家庭主妇。

"A像B这样／那样"，表示A和B两个事物有共同点，后面可以带形容词或者动词。例如：

①我像你这样瘦就好了。

②他不像你这样聪明，但是像你一样认真。

③这一次我们没有像上次那样坐火车，而是坐飞机去的。

2 **看把你美的**！

"看把+某人＋……的"，表示程度较高，说话人有关心或不太满意等特定的情感。例如：

①这几天学习很紧张，看把他累的。

②学校要放假三天，看把孩子们高兴的。

③看把你吓的，这部电影没什么可怕的啊！

3 **不管**你做什么样的中国菜，她**都**会说好吃。

"不管……，都……"，表示在任何条件下，情况都不会改变。"不管"的后面必须是两种以上的可能性，可以用"什么、谁、哪儿、怎么、多、多么"等疑问代词，例如：

①不管是什么季节，他都坚持去跑步。

②不管跟谁，他都说汉语。

"不管"的后面可以用连词"还是"，例如：

③不管刮风还是下雨，他总是按时来上课。

④不管工作日还是周末，他都起得很早。

"不管"的后面还可以是动词或形容词的肯定和否定形式连用。例如：

⑤不管工作忙不忙，他都要陪孩子玩儿一会儿。

⑥不管你同意不同意，我都会做这份工作。

（三）分步任务活动一 Implement Tasks Step by Step Ⅰ

1 我（不）想像他/她那样

（**两人活动**） 看看陈雪和保罗的个人资料，说说你愿意像他们那样吗？

陈雪	保罗
现年32岁 身高1.73米 23岁结婚 嫁给了一个足球运动员 有两个孩子 是全职太太 能做一手好菜	身高1.70m 体重85kg 现年38岁 会说英语、法语、汉语、日语 月收入30000元以上 每天工作12个小时 有房有车，没有女朋友

	我真想像……那样……	我不想像……那样……
我		
我的同学		

2 他们怎么了？

两人活动　看下面的图片，说说他们怎么了，比比谁说得又多又好。

看把他____的！　　看把她____的！　　看把他____的！　　看把她____的！

3 他们是谁？

说一说　① 他们是班里的谁？

例	上课的时候说汉语，下课以后也说汉语。	不管什么时候，<u>老师</u>都说汉语。
1	说英语说得很好，说汉语也说得很好。	不管是英语还是汉语，_____都说得很好。
2	不喜欢逛商店，也不喜欢看电影。	不管逛商店还是看电影，_____都不喜欢。
3	天气不冷，穿得少；天气冷，也穿得少。	不管天气冷不冷，_____都穿得很少。
4	下雨的时候也坚持跑步。	不管下不下雨，_____都坚持跑步。
5	他喜欢吃所有的中国菜。	不管是什么中国菜，_____都喜欢吃。
6	跟老师说汉语，跟同学也说汉语。	不管跟谁，_____都说汉语。

② 听听别人的意见，大家的看法一样吗？

（四）综合任务活动一 Comprehensive Tasks Ⅰ

1 谈谈跨国婚姻

两人活动 课文里提到的两个跨国婚姻有不一样的结果，说一说原因是什么？

	张远的婚姻	王丽的婚姻
原因一		
原因二		
原因三		

2 幸福的婚姻，什么是最重要的？

小组活动 对幸福的婚姻来说，哪些方面是最重要的？用下面的提示语说一说。

☐ 家务　　☐ 孩子　　☐ 房子　　☐ 收入　　☐ 爱情　　☐ 其他_____

提示语：……，也挺好的
　　　　……（不）像……那样/这样……
　　　　不管……都……
　　　　从……变成了……
　　　　……才是最重要的

3 你们对幸福婚姻的看法一样吗？

班级活动 每个小组选一个代表，说说你们这个小组对幸福婚姻的看法一样吗。有什么特别的看法？

> **你可以这样说**
>
> 我们这个小组对幸福婚姻的看法不太一样。认为……最重要的最多，有……位，他们觉得……。认为……最重要的有……位，因为……。还有……位同学认为……最重要，因为……。
>
> 我们这个小组对幸福婚姻的看法基本一样。大多数同学都认为不管……，都……，……才是最重要的。只有……位同学认为，……。

（五）任务示范二 **Task Demonstration** Ⅱ

男大当婚，女大当嫁

"男大当婚，女大当嫁。"可现在的社会压力越来越大，年轻人的工作也越来越忙，生活圈子越来越小。有些人不知不觉就成了"剩男剩女"，不得不通过朋友介绍等方式找对象。"相亲大会"就是为了帮助这些人解决终身大事而举办的。

参加"相亲大会"的往往是家长比年轻人多，而且是家长们更主动热情。他们的儿子有的因为去国外留学，长时间不在国内，很难找到合适的对象，有的因为是学理科的，在大学或单位多数人都是男性，认识女孩子的机会少，也有的因为工作不稳定，收入不高，所以很难找到"另一半"；他们的女儿或者感情上受过伤，不再相信爱情，或者学历很高，个人条件很好，所以对男方的要求过高。不管是什么原因，他们都让父母很着急，成了父母的"心病"。

很多家长在"相亲大会"上记下了不少"理想对象"的联系方式，但不知这些家长的标准和孩子的要求是不是一样。孩子们会不会接受父母介绍的对象呢？

（六）语法点注释二 Grammar Notes II

1 有些人不得不通过朋友介绍等方式找对象。

"不得不"，表示必须，只能这样做。例如：

①因为起得太晚，她不得不坐出租车来学校。

②家里有急事，他不得不提前回国。

③身上一分钱也没有了，我们不得不走路回家。

2 "相亲大会"就是为了帮助这些人解决终身大事而举办的。

"为/为了……而……"，前面表示目的，"而"后面表示为达到目的实施的做法。例如：

①她为参加这次比赛而努力减肥。

②一部分农民为了挣钱而离开了家乡。

③他们为了同一个理想而走到一起。

3 参加"相亲大会"的往往是家长比年轻人多。

"往往"，副词，表示大多数情况都是这样，动作重复有一定规律性。但是不用来表示将来的情况。例如：

①同学们刚来这里，往往不太习惯这儿的天气。

②日本留学生往往觉得汉字比较容易。

③我们公司的工作很紧张，周末也往往加班。

（七）分步任务活动二　Implement Tasks Step by Step II

1 遇到这些问题，怎么办？

（说一说）　你遇到过下面这些问题吗？怎么办？

☐ 同屋睡得太晚　　☐ 工作/学习太忙　　☐ 有时候花钱太多
☐ 手机丢了　　☐ 食堂的菜不好吃　　☐ 跟朋友吵架

例 自由恋爱的机会越来越少，他们不得不通过朋友介绍等方式找对象。

（两人活动）　你的同学遇到这些问题是怎么办的？请记下来。

遇到的问题	他/她不得不……
同屋睡得太晚	
工作/学习太忙	
有时候花钱太多	
手机丢了	
食堂的菜不好吃	
跟朋友吵架	

2 为了什么而结婚？

（连线）　他们结婚是为了什么？说一说你会这样做吗？

A		B		C
父母越来越着急，她只好		爱情		
两个相爱的人会		房子		
那些只爱金钱的人	为了	孩子	而	结婚
她一直想要一个自己的孩子，她		父母		
没有工作，也没有房子，有的女孩儿不得不		金钱		

3 他们往往……

说一说　说说你对他们的看法。

我觉得有些人＿＿＿＿＿＿＿，他们往往不想太早结婚。

我觉得有些人＿＿＿＿＿＿＿，他们往往很早就结婚。

我觉得有些人＿＿＿＿＿＿＿，他们往往不想要孩子。

我觉得有些人＿＿＿＿＿＿＿，这样的人往往容易离婚。

两人活动　两人一组进行对话，说说你们的看法一样吗。

你们可以这样说

A：我觉得……的人往往……。

B：是啊，我也这么认为。

A：我觉得……的人往往……。

B：是吗？我不这么认为。我觉得……的人往往……。

（八）综合任务活动二　Comprehensive Tasks Ⅱ

1 为什么"剩男剩女"越来越多？

说一说　用下面的提示语，说一说"剩男剩女"越来越多的原因有哪些。

提示语：有的因为……，……，有的因为……，……的机会很少，也有的因为……，所以……。

这些人或者……，不再……，或者……，所以……。

2 你赞成相亲吗？

小组活动　① 说说你对相亲的看法，有哪些好处和坏处？

② 每个小组选一个代表，简单记录大家的看法。

同学 ＼ 内容	赞成/不赞成	相亲的好处	相亲的坏处

3 你们对相亲的看法一样吗？

班级活动　请每个小组的代表说说你们对相亲的看法一样吗，有什么特别的看法。

你可以这样说

看法基本一样	看法不一样
我们这个小组对相亲的看法基本一样。我们都（不）赞成相亲。因为……。	我们这个小组对相亲的看法不太一样。赞成相亲的有……位同学，他们觉得……。不赞成相亲的有……位同学，他们觉得……。

四 学习后任务　REVIEW TASKS

1 你知道哪些相亲的电视节目或者活动？

相亲电视节目或者活动有：　　<u>相亲大会</u>　　　　<u>相约星期六</u>

　　　　　　　　　　　　　<u>　　　　　　　</u>　　　　<u>　　　　　　　</u>

　　　　　　　　　　　　　<u>　　　　　　　</u>　　　　<u>　　　　　　　</u>

2 调查5位未婚的中国人，问问他们打算用什么方法找对象，为什么？

□ 电视征婚　　　□ 网上征婚　　　□ 请朋友介绍

□ 报纸征婚　　　□ 自己找　　　　□ 其他方法＿＿＿＿＿＿＿＿

	方法	原因
1		
2		
3		
4		
5		

3 假如你自己要参加相亲活动，请准备一个自我介绍，并说说你的要求。

五 自我评估　SELF-EVALUATION

1 在完成学习后任务的时候，你用了多少刚学过的词语和句子，请画"✓"。

① 我用的生词数量是：

□ 5～10个　　　□ 10～15个　　　□ 15～20个　　　□ 20个以上

② 我用的句子数量是：

□ 3～5个　　　□ 5～10个　　　□ 10～15个　　　□ 15个以上

2 选择正确的应答。

① A：这次你们是怎么去的？　（　　　）
　　B1：这次我们没有像上次这样坐火车，而是坐飞机去的。
　　B2：这次我们没有像上次那样坐火车，而是坐飞机去的。

② A：他一边工作，一边学习汉语。真辛苦！　（　　　）
　　B1：是啊，看把他累的。
　　B2：是啊，看他把累的。

③ A：你每天都起得这么早吗？　（　　　）
　　B1：对，不仅工作日还是休息日，我都起得很早。
　　B2：对，不管工作日还是休息日，我都起得很早。

④ A：你今天是怎么来学校的？　（　　　）
　　B1：我今天起得太晚，不得不坐出租车来学校。
　　B2：我今天起得太晚，得坐出租车来学校。

⑤ A：为什么举办这次汉字比赛？　（　　　）
　　B1：这次汉字比赛是因为提高留学生的汉字水平而举办的。
　　B2：这次汉字比赛是为了提高留学生的汉字水平而举办的。

⑥ A：刚来中国的时候，我很想回国。　（　　　）
　　B1：是啊，那时候没有朋友，容易往往想家。
　　B2：是啊，那时候没有朋友，往往容易想家。

3 答一答。

① 你现在知道几种中国人找对象的方法？　（　　　）
　　A. 3种　　　　　　B. 3种以下　　　　　　C. 3种以上

② 你现在可以用汉语介绍自己喜欢什么样的男/女朋友吗？　（　　　）
　　A. 可以　　　　　　B. 不可以

③ 关于你的同学对相亲的看法，你了解吗？　（　　　）
　　A. 了解　　　　　　B. 不了解

④ 关于中国人对找对象的看法，你了解吗？　（　　　）
　　A. 是　　　　　　B. 否

4 关于中国人找对象，你现在了解到哪些新的信息？

① _____

② _____

③ _____

第三单元
Unit 3

饮食
Diet

话题 Topic	饮食
任务目标 Instructional Objectives	能在中国饭馆点菜吃饭，并能谈论中国的饮食特点
重点词语 Key Words	份、免费、素、荤、做东、口味、讲究、根据、培养、消费
重点语句 Key Sentences	1.我们就先点这些，要是不够，等会儿再点。 2.既然你什么饮料都不喝，就只好喝免费茶水了。 3.说好了，今天我做东。 4.在中国，各地的地理环境、气候条件不同，各地的饮食风味也不一样。
语法点 Grammar Points	1.A 是 A，B 是 B 2.既然……，就…… 3.说好（了） 4.说到…… 5.A……，（而）B 则……/A……，而 B（则）…… 6.也就是说…… 7.最……的要数……

导入　WARM-UP

1. 你喜欢吃中国菜吗？

2. 请选择几个词描述你对中国菜的印象，
   并说说原因。

☐ 漂亮	☐ 辣	☐ 咸
☐ 油腻	☐ 好吃	☐ 便宜
☐ 贵	☐ 香	☐ 奇怪　☐ 丰富

头脑风暴　BRAINSTORM

1. 除了"米饭"，你还知道哪些主食？

▶ ___米饭___　　▶ _____　　▶ _____

▶ _____　　▶ _____　　▶ _____

2. 除了"白菜"，你还知道哪些蔬菜？

▶ ___白菜___　　▶ _____　　▶ _____

▶ _____　　▶ _____　　▶ _____

3. 你知道哪些水果？

▶ ___草莓___　　▶ _____　　▶ _____

▶ _____　　▶ _____　　▶ _____

4. 你知道哪些饮料？

▶ ___可乐___　　▶ _____　　▶ _____

▶ _____　　▶ _____　　▶ _____

5. 你知道哪些餐具的名称？

▶ ___碗___　　▶ _____　　▶ _____

▶ _____　　▶ _____　　▶ _____

6.除了"酸"，你还能说出哪些口味？

▶ ___酸___   ▶ _____   ▶ _____

▶ _____   ▶ _____   ▶ _____

 **生词总动员** **WORD POWER**

生词大盘点 VOCABULARY LIST

1	份	fèn	量	one copy (of a document, newspaper, magazine, etc.)
2	烙饼	làobǐng	名	baked pancake
3	入乡随俗	rù xiāng suí sú		When in Rome, do as the Romans do.
4	既然……就……	jìrán……jiù……		now that, since, as
5	免费	miǎn fèi		free (of charge)
6	素	sù	名	vegetable dish
7	荤	hūn	名	meat dish
8	撑	chēng	动	to have an excessively full stomach
9	做东	zuò dōng		to play the host
10	风味	fēngwèi	名	flavor
11	口味	kǒuwèi	名	taste or flavor
12	则	zé	连	*a conjunction indicating contrast*
13	讲究	jiǎngjiu	动	to be particular about
14	根据	gēnjù	介	on the basis of, according to
15	刮目相看	guāmù xiāng kàn		to look at sb. with new eyes, to regard sb. in a totally different light
16	创造	chuàngzào	动	to create
17	如今	rújīn	名	nowadays
18	身影	shēnyǐng	名	a person's silhouette, figure
19	培养	péiyǎng	动	to develop, to cultivate
20	批	pī	量	batch, lot, group
21	消费	xiāofèi	动	to consume

专有名词 Proper Nouns

1	鲁	Lǔ	abbreviation for Shandong Province
2	苏	Sū	abbreviation for Jiangsu Province
3	闽	Mǐn	abbreviation for Fujian Province
4	浙	Zhè	abbreviation for Zhejiang Province

二 任务及活动　TASKS AND ACTIVITIES

（一）任务示范一 Task Demonstration Ⅰ

故事场景　李伟和他的美国朋友玛丽、韩国朋友金正民一起吃饭。

> 李　伟：我点了三个热菜，两个凉菜，主食是一份烙饼，你们觉得够吗？
>
> 玛　丽：太多了吧？我在美国的时候，中午只吃一个三明治，再加一杯果汁。
>
> 李　伟：那也太简单了，怎么能算是吃饭呢？我们就先点这些，要是不够，等会儿再点。对了，我还要了两瓶啤酒。
>
> 金正民：你还要了啤酒？
>
> 李　伟：是啊，你不是很喜欢喝啤酒吗？
>
> 金正民：没错。我只是有点儿吃惊，因为在韩国喝酒是喝酒，吃饭是吃饭。不过没问题，我要入乡随俗嘛。
>
> 李　伟：玛丽，既然你什么饮料都不喝，就只好喝免费茶水了。
>
> 玛　丽：没问题。欸，你没忘了我是吃素的吧？
>
> 李　伟：没有。我只点了一个荤菜，其他四个都是素的。

（吃过饭之后）

玛　丽：你点的菜太好吃了，我都吃撑了。

金正民：我也酒足饭饱了，谢谢！

李　伟：来吃点儿水果吧，这是餐厅送的。

玛　丽：我觉得中国人饭后吃点儿水果，这个习惯不错，而美国人习惯饭后吃甜点或者冰淇淋，所以我们容易发胖。

李　伟：服务员，买单。

玛　丽：我们每个人付多少钱？

李　伟：说好了，今天我做东。"做东"就是请客的意思。

金正民：韩国人和中国人差不多，都不习惯AA制。

玛　丽：刚才你说"做东"，我还以为你要坐在东边呢。好吧，那下次我做东，请你们吃西餐。

（二）语法点注释一 Grammar Notes Ⅰ

1　**在韩国喝酒是喝酒，吃饭是吃饭。**

"A是A，B是B"，强调A和B不一样，不能混为一谈。例如：

①她是她，我是我。以后她的事情不要来问我。

②以前是以前，现在是现在，人总是会变的。

③看书是看书，唱歌是唱歌，你不能一边看书一边唱歌。

2 **既然**你什么饮料都不喝，**就**只好喝免费茶水了。

"既然……，就……"，前面一句表示某种事实，后面一句表示由前面的事实得出的结论。例如：

①既然你一定要去，就去吧。

②你既然生病了，就在家好好休息吧。

③大家既然已经来了，就多坐一会儿，聊聊天。

后一句也可以用反问句。例如：

④既然时间还早，打什么车啊？

⑤你既然不认识这个词，怎么不查词典？

3 **说好了**，今天我做东。

"说好（了）"，表示已经商量好了。例如：

①我跟同屋说好了，周末一起去饭馆吃饭。

②我们说好了，晚上7点在学校南门见面。

③他们虽然决定一起去，但是没说好几点出发。

（三）分步任务活动一 Implement Tasks Step by Step Ⅰ

1 你一边吃饭一边看电视吗？

说一说 你的家里人不喜欢你哪些事情一起做？

☐ 吃饭 　　☐ 上网 　　☐ 看电视 　　☐ 听音乐

☐ 打游戏 　　☐ 做作业 　　☐ 打电话

例 我家里人不喜欢我一边吃饭一边看电视。

两人活动　根据上面的内容，和同学一起完成对话。

> **你们可以这样说**
>
> A：我妈妈不让我一边……一边……。
> B：当然了。……是……，……是……。
> A：你……的时候，……吗？
> B：当然不。……是……，……是……。

2　在饭馆点菜

说一说　你喜欢什么？

主食	饮料	蔬菜	水果

两人活动　和同学一起完成会话。

> **你们可以这样说**
>
> A：你喜欢吃什么主食？
> B：我喜欢吃……。我们点……吧。
> A：好啊。饮料，我们……？
> B：既然是中国饭馆，我们就……吧。
> A：好啊。你喜欢吃……？
> B：我什么肉都不想吃。
> A：既然你……，我们就点素菜吧。
> B：……，怎么样？
> A：不错。水果还要吗？
> B：既然……就……。

说一说 你们点了些什么？

主食	饮料	蔬菜	水果

3 商量一下

两人活动 跟同学商量下面的事情。

☐ 下课的时候说不说汉语？ ＿＿＿＿＿＿＿＿＿＿

☐ 明天几点到教室？ ＿＿＿＿＿＿＿＿＿＿

☐ 什么时候一起去旅游？ ＿＿＿＿＿＿＿＿＿＿

☐ 哪天一起去吃北京烤鸭？ ＿＿＿＿＿＿＿＿＿＿

说一说 你们商量好了吗？

> **你们可以这样说**
>
> 我跟……说好了，……。　｜　……，我跟……还没说好。

（四）综合任务活动一　Comprehensive Tasks Ⅰ

1 中国人的饮食习惯

说一说 根据下面的提示，说一说中国人的饮食习惯。

	饮食习惯	提示
1	中午吃什么？	热菜、凉菜、主食
2	吃饭的时候喝酒吗？	在……，可以一边……一边……。
3	饭后吃什么？	中国人饭后……。
4	谁买单？	……和……差不多，都不习惯……。/ 中国人习惯……

2 在你的国家，饮食习惯和中国一样吗？

（小组活动）　① 用下面的提示语说一说你们国家的饮食习惯。

提示语：我在……的时候，中午……，再加……。

在……，……是……，……是……。

在……，可以一边……一边……。

中国人……，这个习惯……，而……人……。

和中国人不一样，……人习惯……。

和中国人差不多，……人也不习惯……。

② 听别人的介绍，记下其他国家的饮食习惯。

	吃饭的习惯	＿＿＿＿国	＿＿＿＿国	＿＿＿＿
1	中午吃什么？			
2	吃饭的时候喝酒吗？			
3	饭后吃什么？			
4	谁买单？			
5	主食是什么？			
6	喝什么饮料？			
7	用什么餐具？			
8	其他习惯			

3 不同国家的饮食习惯

（班级活动）　每个小组选一个代表，说说不同国家的饮食习惯有哪些地方一样，哪些地方不一样。

你可以这样说	
一样的地方	不一样的地方
在……，可以一边……一边……。在……，也一样。……人、……人都习惯……。和……人差不多，……人也不习惯……。	在……，可以一边……一边……。而在……，……是……，……是……。……人习惯……，而……人……。和……人不一样，……人习惯……。

（五）任务示范二 Task Demonstration Ⅱ

中国饮食

在中国，各地的地理环境、气候条件不同，各地的饮食风味也不一样。如果你吃过四川菜和广东菜，就知道他们的口味完全不同。除了四川菜、广东菜，中国还有很多有名的菜，比如鲁菜、苏菜、闽菜、浙菜等等。这些菜你都吃过吗？最喜欢哪一种呢？说到主食，不知道你听说过"南米北面"的说法没有，意思是说南方人爱吃米饭，北方人则爱吃面条、包子、饺子等面食。

中国菜的做法讲究四季有别，也就是说，要根据季节的不同选择不同的食物，采用不同的做法。中国菜还讲究色、香、味、形、器的美。一个菜不仅要颜色好看，还要好吃、好闻……说到餐具，瓷器可以算是中国餐具的一大特色，但最让外国人刮目相看的要数筷子，它既便宜又方便，被外国人认为是艺术的创造。

虽然中国菜好吃、好看，可如今在中国的很多城市里都能看见"洋快餐"店的身影。不管是不是吃饭的时间，都有不少孩子和年轻人进进出出。什么原因呢？一位中学生说，夏天，他和同学喜欢在麦当劳里复习功课。买一杯可乐就可以在凉快的环境里坐半天，在这轻松的环境里，"洋快餐"店培养了大批年轻的消费者。你是不是也喜欢在麦当劳里看书呢？

（六）语法点注释二　Grammar Notes Ⅱ

1 **说到主食**，不知道你听说过"南米北面"的说法没有。

"说到……"，表示引出新的话题。例如：

①说到为什么学习汉语，我先讲一个小故事。

②说到怎样保持身体健康，不同的人可能有不同的看法。

③我喜欢中国菜，不过说到中国的饮食文化，我知道的不多。

2 **南方人爱吃米饭，北方人则爱吃面条、包子、饺子等面食。**

"A……，（而）B 则……" / "A……，而 B（则）……"，表示A和B不一样。
常用于A、B两事物的对比说明。例如：

①哥哥喜欢打篮球，而妹妹则喜欢看书。

②春天看花，秋天则赏月。

③春节的时候，南方人常吃年糕，而北方人常吃饺子。

3 **中国菜的做法讲究四季有别，也就是说，要根据季节的不同选择不同的食物，采用不同的做法。**

"也就是说……"，表示对前面一句话做进一步解释和说明。例如：

①在中国，有"南米北面"的说法，也就是说南方人爱吃米饭，而北方人爱吃面。

②中国菜讲究色、香、味、形、器的美，也就是说一个菜不仅要颜色好看，还
　要好吃、好闻。

③中国人常说"萝卜白菜各有所爱"，也就是说不同的人喜欢的口味是不一样的。

4 **最让外国人刮目相看的要数筷子。**

"最……的要数……"，表示名次在最前面的。例如：

①最有名的北京菜要数北京烤鸭了。

②我觉得北京最热闹的地方要数王府井了。

③北京动物园里最受欢迎的动物要数熊猫了。

（七）分步任务活动二　Implement Tasks Step by Step Ⅱ

1 我最喜欢的……

两人活动　说说你们最喜欢的，并记下来。

	餐具	主食	蔬菜	饮料	水果
我					
我的同学					

你们可以这样说

A：你最喜欢用什么餐具吃饭？
B：……。你呢？
A：我……。说到……，你最喜欢吃的是什么？
B：我最喜欢……。说到……，你喜欢吃什么呢？
A：说到……，我最喜欢……。

2 我们不一样

说一说　参考上面的练习，说说你和同学有什么不同。

提示语：我和同学在饮食方面有一些相同的地方，我们都……。说到
不同，我们也有很多地方不一样。比如，我喜欢……，他/她
则……。他/她喜欢……，而我……。

两人活动　你们还有哪些方面不一样？请记下来。

	喜欢的颜色	喜欢的口味	喜欢的运动	喜欢的音乐	_____
我					
我的同学					

3 我来解释

（说一说） 下面这些句子的意思你明白吗？请用"也就是说"解释它们的意思。

　　　　a. 既然是在中国，我就入乡随俗了。——

　　　　b. 在韩国，喝酒是喝酒，吃饭是吃饭。——

　　　　c. 韩国人和中国人都不习惯AA制。——

　　　　d. 在中国有"南米北面"的说法。

　　　　e. 中国菜讲究"色、香、味"。

　　　　f. 在中国的很多城市都能看到"洋快餐"店的身影。——

4 最好吃的菜

（两人活动） 用下面的提示语，说说你们的看法，并记下来。

　　提示语：在我吃过的中国菜中，最……的要数……。
　　　　　　在我去过的饭馆中，最……的要数……。

	最好吃的菜	最奇怪的菜	最贵的饭馆	最便宜的饭馆	环境最好的饭馆
我					
我的同学					

（八）综合任务活动二　Comprehensive Tasks Ⅱ

1 最好吃的菜

（小组活动） 说说自己国家的饮食特点。听听别人的介绍，并记下来。

	国家／地区	口味（酸、甜、苦、辣、咸）	主食	餐具	其他
例	中国四川菜	辣	米饭	碗、筷子	
1					
2					
3					

2 各国的饮食特点不一样

（班级活动）每个小组选一个代表，用下面的提示语，介绍你们小组的情况。

提示语：各国的……不同，各国的……也不一样。如果你吃过……，
就知道……。
除了……，还有很多……。比如……等等。
说到主食，……爱吃……，而……则爱吃……。
说到餐具，……可以算是……。最……的要数……。

四 学习后任务　REVIEW TASKS

1 你知道中国有哪些有名的菜系？

中国有名的菜系有：　<u>川菜（四川菜）</u>　　<u>粤菜（广东菜）</u>

_____　　_____

2 调查5位中国人，问问他们最喜欢吃的菜是什么？他们最喜欢的洋快餐店是哪一个？

	最喜欢的菜	最喜欢的洋快餐店
1		
2		
3		
4		
5		

3 你知道什么中国菜的做法吗？问问你的中国朋友，请她／他教你做一个中国菜。

五　自我评估　SELF-EVALUATION

1 在完成学习后任务的时候，你用了多少刚学过的词语和句子，请画"√"。

① 我用的生词数量是：

☐ 5~10个　　☐ 10~15个　　☐ 15~20个　　☐ 20个以上

② 我用的句子数量是：

☐ 3~5个　　☐ 5~10个　　☐ 10~15个　　☐ 15个以上

2 选择正确的应答。

① A：我想边吃饭边喝酒。　　（　　　）
　 B1：吃饭不是喝酒，喝酒不是吃饭。先吃饭吧。
　 B2：吃饭是吃饭，喝酒是喝酒。先吃饭吧。

② A：我明天没时间去买东西。　　（　　　）
　 B1：既然明天没时间，就今天去吧。
　 B2：既然明天没时间，但应该今天去。

③ A：在哪儿见面，你们说好了吗?　　（　　　）
　 B1：没说好。
　 B2：说不好。

④ A：你喜欢中国菜吗?　　（　　　）
　 B1：说说中国菜，我最喜欢的是四川菜。
　 B2：说到中国菜，我最喜欢的是四川菜。

⑤ A：你喜欢四川菜，你哥哥呢?　　（　　　）
　 B1：我喜欢四川菜，而我哥哥则喜欢上海菜。
　 B2：我喜欢四川菜，而我哥哥也喜欢四川菜。

⑥ A：消费超过100元，可以得到20元的餐券，下次使用。　　（　　　）
　 B1：也就是说，如果我们消费超过了200元，可以得到40元的餐券，对吗?
　 B2：那我们就入乡随俗吧。

⑦ A：你觉得什么菜最好吃?　　（　　　）
　 B1：我觉得好吃的菜最要数北京烤鸭了。
　 B2：我觉得最好吃的菜要数北京烤鸭了。

3 答一答。

① 你现在知道几种中国菜系？　　（　　　）

    A. 5种以下　　　　　　　　B. 5种　　　　　　　　C. 5种以上

② 你现在可以用汉语说说自己的饮食习惯吗？　（　　　）

    A. 可以　　　　　　　　B. 不可以

③ 关于其他同学的饮食习惯，你更了解了吗？　（　　　）

    A. 是　　　　　　　　B. 否

④ 你是不是了解了更多国家的饮食特点？　（　　　）

    A. 是　　　　　　　　B. 否

4 关于中国的饮食，你现在了解到哪些新的信息？

① _____

② _____

③ _____

第四单元
Unit 4

教育
Education

话题 Topic	教育
任务目标 Instructional Objectives	能就教育问题发表自己的见解
重点词语 Key Words	影响、替、逼、痛苦、证明、独立、顺从、后悔、抱怨、依赖、溺爱
重点语句 Key Sentences	1.吃多吃少怎么能让孩子决定呢？ 2.我觉得要让孩子学习成绩好，并不是一定要参加辅导班。 3.他们抱怨子女花钱大手大脚，过分依赖父母，缺乏责任感，不懂得尊重父母等等。 4.为了让他有足够的时间休息和学习，我们把儿子的一切都包了下来。
语法点 Grammar Points	1.怎么能……（呢）？　　4.从来 2.哪个　　　　　　　5.让 3.并　　　　　　　　6.有的……，有的……，有的（则）……

导入 WARM-UP

下面是一项关于教育方法的调查结果。
你会用什么方法教育孩子？

☐ 打骂　　☐ 讲道理

☐ 讲故事　☐ 不关心

☐ 其他

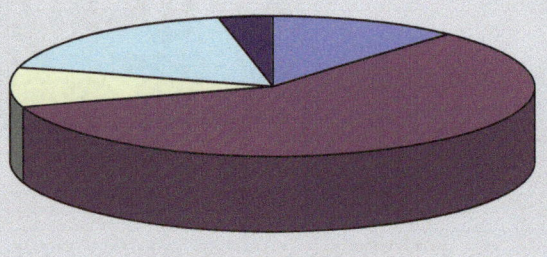

▪ 打骂　▪ 讲道理　□ 讲故事　▪ 不关心　▪ 其他

头脑风暴　BRAINSTORM

1. 你知道哪些和学习有关系的词？

▸ __成绩__　　▸ _____　　▸ _____

▸ _____　　▸ _____　　▸ _____

2. 你知道哪些和学历有关系的词？

▸ __小学__　　▸ _____　　▸ _____

▸ _____　　▸ _____　　▸ _____

二 生词总动员 WORD POWER

生词大盘点 VOCABULARY LIST

1	说明	shuōmíng	动	to mean, to indicate
2	影响	yǐngxiǎng	动	to influence, to affect
3	发育	fāyù	动	to grow
4	替	tì	介	for, on behalf of
5	逼	bī	动	to compel, to force
6	痛苦	tòngkǔ	形	painful
7	事实	shìshí	名	fact
8	证明	zhèngmíng	动	to prove
9	辅导	fǔdǎo	动	to give guidance in study or training, to tutor
10	独立	dúlì	动	to be independent
11	顺从	shùncóng	动	to yield, to be obedient
12	意愿	yìyuàn	名	wish
13	人生	rénshēng	名	life
14	后悔	hòuhuǐ	动	to regret
15	抱怨	bàoyuàn	动	to complain, to grumble
16	大手大脚	dà shǒu dà jiǎo		wasteful, extravagant
17	依赖	yīlài	动	to rely on, to depend on
18	缺乏	quēfá	动	to lack
19	责任	zérèn	名	duty, responsibility
20	委屈	wěiqu	形	(feel) wronged
21	溺爱	nì'ài	动	to spoil (a child, etc.)
22	放任	fàngrèn	动	to let alone, not to interfere
23	粗暴	cūbào	形	rude, harsh

三 任务及活动　TASKS AND ACTIVITIES

（一）任务示范一　Task Demonstration Ⅰ

52

故事场景　在中国工作的查理给他的中国同事夏红看家人的照片。

夏　红：查理，你女儿这么小，就让她自己吃饭呀！这样她能吃饱吗？

查　理：没问题。她不吃，就说明她吃饱了。

夏　红：吃多吃少怎么能让孩子决定呢？这样会影响孩子身体发育的。

查　理：我发现中国的家长就是喜欢替孩子做事，替孩子决定。昨天我就看见一个妈妈抱着三四岁的儿子在街上走，累得满头大汗。这在我们国家是很少见的。

夏　红：孩子这么小，什么都不懂，家长帮助他们都是应该的。我女儿五岁的时候，我给她报了钢琴班和英语班，当时她哪个都不喜欢，非要学跳舞，我想跳舞对她将来的学习也没什么帮助，就没让她学。

查　理：你逼着孩子学她不感兴趣的东西，太痛苦了。

夏　红：事实证明我的做法没有错。现在我女儿上小学三年级，英语成绩一直很好。

查　理：我觉得要让孩子学习成绩好，并不是一定要参加辅导班。在美国，我们作父母的好像更尊重和理解孩子的选择，让他们自己动手做事，学会独立，不像你们那么重视孩子的学习成绩。

夏　红：我也希望孩子没有压力，但孩子总要考试升学呀，如果不逼着她好好学习，将来怎么能考上好的大学？又怎么能找到理想的工作呢？

查　理：看来，你们就是要儿女永远顺从你们的意愿，走你们为他们设计好的人生道路。将来，孩子跟什么人结婚也要听你们的吧？

夏　红：这都是为孩子好。

（二）语法点注释一　Grammar Notes Ⅰ

1 **吃多吃少怎么能让孩子决定呢**？

"怎么能……（呢）？"是一个反问句。反问句是用问句的形式表达肯定或否定的意思，一般不需要回答。反问句的语气比一般陈述句强烈。例如：

①孩子这么小，怎么能一个人出国呢？

②如果不逼着她好好学习，将来怎么能考上好的大学？

③家长替孩子做事，孩子怎么能学会独立呢？

2 **她哪个都不喜欢。**

这里的"哪个"不表示提问，而是表示任意一个。其他疑问词，如"什么、哪儿、谁"等也有这样的用法，在句中常与"都"或"也"搭配使用。例如：

①谁都不知道他的名字。

②我明天没事，你什么时候来都可以。

③他第一次来北京，哪儿都想去看看。

3 我觉得要让孩子学习成绩好，**并**不是一定要参加辅导班。

"并"用在"不、没"等否定词的前面，强调实际情况和人们的看法不一样。例如：

①我这次并不是来北京旅游的，而是来工作的。

②我只知道他的名字，并不知道他的电话号码。

③他上午走的时候，并没有说晚上不回来啊。

（三）分步任务活动一　Implement Tasks Step by Step Ⅰ

1 该为孩子做什么？

两人活动 ① 假如你的孩子10岁，你该为他们做哪些事呢？

☐ 为他们洗衣服　　☐ 为他们打扫房间　　☐ 辅导他们做作业

☐ 每天送他们上学　☐ 为他们穿衣服　　☐ 为他们选辅导班

② 你觉得父母还应该帮助孩子做哪些事情。

1	
2	
3	
4	
5	

③ 两人一组进行对话，看看你们的看法一样吗。

你们可以这样说

A：你觉得父母应该……吗？　　　A：你觉得父母应该……吗？

B：当然了。……。做父母的就　　B：……是孩子自己的事，父母……，
　　是应该……。　　　　　　　　　怎么能……呢？

2　她哪个都不喜欢

两人活动　用"哪个、哪儿、谁、什么"说一说。

A	B
例：钢琴班、英语班，她都不喜欢。	钢琴班、英语班，她哪个都不喜欢。
我们班的同学都没去过西藏。	
	我们班的同学都不喜欢北京的夏天。
他说不出话来。	
	孩子不会做家务。
我只想在家待着。	
	那些礼物孩子都不喜欢。

3　父母的教育方法

两人活动　说一说父母的教育方法。

有的父母让很小的孩子自己吃饭，我的父母＿＿＿＿＿＿＿＿＿。

有的父母让很小的孩子＿＿＿＿，我的父母＿＿＿＿＿＿＿＿。

有的父母喜欢替孩子做事，我的父母＿＿＿＿＿＿＿＿＿。

有的父母喜欢为孩子选兴趣班，我的父母＿＿＿＿＿＿＿＿。

有的父母喜欢＿＿＿＿，我的父母＿＿＿＿＿＿＿＿＿。

有的父母重视孩子的学习成绩，我的父母＿＿＿＿＿＿＿＿。

有的父母重视孩子的＿＿＿＿，我的父母＿＿＿＿＿＿＿＿。

说一说　你们父母的教育方法有哪些不一样的地方？记在下面，然后用"并不/没……"说一说。

我的父母	同学的父母

新目标汉语口语课本 **5**

56

（四）综合任务活动一　Comprehensive Tasks　I

1 孩子自己能决定吗？

说一说　哪些事情可以让孩子自己决定？为什么？

		可以让孩子自己决定	不能让孩子自己决定
1	买什么样子的衣服		
2	培养什么样的兴趣爱好		
3	考什么样的大学		
4	找什么样的工作		
5	考大学还是不考大学		
6	结婚还是不结婚		

2 我不同意你的看法

两人活动　根据上面的问题，找一个看法不同的同学一起练习，试着说服对方。

你们可以这样说

A：孩子这么小，你就让他/她……，这样能……吗？

A：孩子这么小，什么都不懂，家长……。

A：怎么能让孩子……呢？这样会……的。

A：事实证明我的做法没有错。

A：我也希望孩子……，但孩子总要……呀，如果不逼着她……，怎么能……？又怎么能……呢？

B：……就说明他/她……。

B：我发现……就是喜欢替孩子……。这在……是很少见的。

B：事实证明我的做法没有错。

B：你逼着孩子……，太痛苦了。我觉得要让孩子……，并不是非得……不可。

（五）任务示范二　Task Demonstration Ⅱ

谁的错

现在很多家长在孩子长大后才后悔："我没有把孩子教育好。"他们抱怨子女花钱大手大脚，过分依赖父母，缺乏责任感，不懂得尊重父母等等。

说到家庭教育，很多父母都感到非常委屈："儿子出生后就成为我们家的中心。从小到大，他有什么要求，我们都尽量满足他。为了让他有足够的时间休息和学习，我们把儿子的一切都包了下来。洗衣服、打扫房间、做饭什么的，从来没让他自己动过手。"也有的家长说："我辛辛苦苦地挣钱，给孩子报了各种辅导班，可他为什么就是对学习不感兴趣呢？这太让我失望了。"

看看这些家长对孩子的教育方式，有的是过分溺爱，有的是放任不管，有的则是简单粗暴。他们似乎都认为错在孩子，从来没在自己身上找过原因。

（六）语法点注释二　Grammar Notes Ⅱ

1 **从来**没让他自己动过手。

"从来"常用在"不、没"等否定词的前面，表示从过去到现在都不这样。例如：

①她上课从来不迟到。

②你说的这件事，我从来没听说过。

③我从来没想过有一天会来中国工作。

2 这太让我失望了。

"让"，介词，相当于"使"。例如：

①这部电影让我非常感动。

②孩子们的进步让父母很高兴。

③那次在西藏的旅游经历真让我难忘。

3 有的是过分溺爱，有的是放任不管，有的则是简单粗暴。

"有的……，有的……，有的（则）……"，连用几个"有的"，表示几个部分是不同的情况。例如：

①公园里，有的老人在打太极拳，有的在唱京剧，有的在跳舞。

②下课以后，有的同学去食堂吃饭，有的去饭馆，有的则回宿舍自己做。

③大家的爱好各不相同，有的喜欢上网，有的喜欢运动。

（七）分步任务活动二　Implement Tasks Step by Step Ⅱ

1 谁从来没做过？

调查活动　调查一下班里的同学，下面这些事情，谁从来没做过？

1. _____ 从来没自己出国旅游过。　　4. _____ 从来没给自己买过礼物。

2. _____ 从来没自己做过饭。　　　　5. _____ 从来没找别人借过钱。

3. _____ 从来没打过自己的孩子。　　6. _____ 从来没跟别人吵过架。

例　父母从来没让他自己动过手。

你们可以这样说

A：你……过吗？

B：我……过。/我从来没……过。你呢？

A：我也……过。/我也从来没……过。

2 特别的经历

说一说　下面的事情，你经历过吗？

☐ 失恋　　☐ 失业　　☐ 考试失败

☐ 初恋　　☐ 求婚　　☐ 比赛成功

☐ 住院　　☐ 其他＿＿＿＿＿＿＿

提示语：……的时候，我……。那段经历真让我……（激动 / 失望 /
难受 / 难忘……）。

说一说　听听其他同学的经历，有没有你觉得特别的？用自己的话再介绍一下。

a. ＿＿＿＿＿＿＿＿＿＿＿＿＿的经历让他 / 她非常激动。

b. ＿＿＿＿＿＿＿＿＿＿＿＿＿的经历让他 / 她很失望。

c. ＿＿＿＿＿＿＿＿＿＿＿＿＿的经历让他 / 她特别难受。

d. ＿＿＿＿＿＿＿＿＿＿＿＿＿的经历让他 / 她非常难忘。

3 我们不一样

小组活动　在你们小组里对下面的问题进行调查，然后用"有的……，有的……，
有的则……"总结一下。

例	家长对孩子的教育方式	"有的……，有的……，有的则……。"
1	学习汉语的目的	
2	学习汉语的困难	
3	同学的爱好	
4	同学的性格	

（八）综合任务活动二　Comprehensive Tasks Ⅱ

1　谁从来没做过？

（说一说）　根据下面的提示，说说父母的想法。

父母的想法	
后悔的事	我没有把孩子教育好。
抱怨	过分……，缺乏……，不懂得……。
委屈	儿子出生后就……。 从小到大，他有什么要求，我们都……，为了……，我们……，从来没……。 我辛辛苦苦……，给孩子……，可他……。这太让我失望了。
方式	有的……，有的……，有的则……。

2　孩子的想法

（说一说）　根据下面的提示语，说说孩子的想法。

提示语：现在很多孩子……才后悔："我没有……。"他们抱怨……，过分……，……等等。说起来很多孩子感到非常委屈："……，我们从来没……过。"也有的孩子说："我……，可父母为什么……呢？这太让我……。"看看这些孩子们的……，有的……，有的……，有的则……。

3　父母应该做什么？

（小组活动）　①说一说为了把孩子教育好，父母应该做什么？不应该做什么？

提示语：怎么能……呢、影响、替、将来、逼、并不是、尊重、理解、独立、后悔、抱怨、依赖、缺乏、满足、足够、一切、从来

② 每个小组选一个代表，简单记录大家的看法。

同学 ＼ 内容	应该做什么?	原因	不应该做什么?	原因

4　大家的看法一样吗？

（班级活动）　请每个小组的代表说一说你们认为应该做的是什么，不应该做的是什么。大家的看法一样吗？

你可以这样说

看法一样	看法不一样
我们这个小组的同学看法都差不多。大家都认为，为了把孩子教育好，父母应该……，因为……。父母不应该……，也不应该……。	我们这个小组的同学看法不太一样。有的同学认为，为了把孩子教育好，父母应该……，不应该……。有的认为，父母应该……，不应该……。

四　学习后任务　REVIEW TASKS

1　你知道中国有哪些常见的课外辅导班？

常见的课外辅导班有：__书法班__　　_____

　　　　　_____　　　_____

　　　　　_____

2 调查5位中国家长，看看他们对课外辅导班的态度。

	是否报辅导班	报了什么辅导班	为什么报辅导班	辅导班有用吗
1				
2				
3				
4				
5				

你可以这样说

A：对不起，打扰一下。

B：……。

A：我正在作一个关于课外辅导班的调查。能问您几个问题吗？

B：……。

A：请问，您给孩子报辅导班了吗？

B：……。

A：您给孩子报的是什么辅导班？

B：……。

A：您为什么给孩子报辅导班呢？

B：……。

A：您觉得辅导班真的有用吗？

B：……。

A：谢谢您的配合。

B：……。

五 自我评估　SELF-EVALUATION

1 在完成学习后任务的时候，你用了多少刚学过的词语和句子，请画"✓"。

① 我用的生词数量是：

☐5～10个　　☐10～15个　　☐15～20个　　☐20个以上

② 我用的句子数量是：

☐3～5个　　☐5～10个　　☐10～15个　　☐15个以上

2 选择正确的应答。

① A：暑假，我孩子要和同学去上海旅游。   （   ）
   B1：孩子还小，怎么能让他们自己去旅游呢？
   B2：孩子还小，怎么样让他们自己去旅游呢？

② A：晚上，我们去哪儿玩儿玩儿吧。   （   ）
   B1：忙了一天，我去哪儿都玩儿。
   B2：忙了一天，我哪儿都不想去。

③ A：为了将来找个好工作，你应该好好学习。   （   ）
   B1：我觉得学习并不是为了找个好工作。
   B2：我觉得找个好工作并不是为了学习。

④ A：这是我第一次一个人出国，你呢？   （   ）
   B1：我也是，我以前从来没一个人出过国。
   B2：我也是，我以前从来不一个人出过国。

⑤ A：昨天的足球比赛怎么样？   （   ）
   B1：我太让结果失望了。
   B2：结果太让我失望了。

⑥ A：你的书真多，都是自己买的吗？   （   ）
   B1：有自己买书的，有朋友送书的，有图书馆借书的。
   B2：有的是自己买的，有的是朋友送的，有的是图书馆借的。

3 答一答。

①你现在知道几个辅导班的名字？   （   ）
   A. 3个   B. 3个以下   C. 3个以上

②你现在可以用汉语说说对家庭教育的看法吗？   （   ）
   A. 可以   B. 不可以

③关于你的同学对家庭教育的看法，你了解吗？   （   ）
   A. 了解   B. 不了解

④你是不是了解了中国人对家庭教育的一些看法？   （   ）
   A. 是   B. 否

4 关于中国的家庭教育，你现在了解到哪些新的信息？

① _____

② _____

③ _____

第五单元
Unit 5

旅游
Traveling

话题 Topic	旅游
任务目标 Instructional Objectives	能向他人咨询关于旅游的事情，并能叙述自己的旅游经历
重点词语 Key Words	据说、线路、反正、具体、自助、往返、享受、行程、限制、操心
重点语句 Key Sentences	1. 你现在能帮我上网查一下具体的信息吗？ 2. 海南三亚半自助游，往返都是坐飞机。 3. 随旅行团去，虽然行程安排很受限制，但吃、住、行都由旅行社安排，不用自己操心。 4. 这次我们选择的是自助游的方式，一来是为了省钱，二来呢，是为了玩儿得更尽兴。
语法点 Grammar Points	1. 据　　　　　　　4. 为（了）……起见 2. 反正　　　　　　5. 于是 3. 就是……也/都……　6. 一来……，二来……

导入 WARM-UP

1. 你去过这些地方吗?

2. 在中国，你想去哪些地方旅游?

 头脑风暴 BRAINSTORM

1. 除了"火车"，你还能说出哪些交通工具?

▶ ___火车___　　▶ _____　　▶ _____

▶ _____　　▶ _____　　▶ _____

2. 和旅游有关的词，你还知道哪些?

▶ ___导游___　　▶ _____　　▶ _____

▶ _____　　▶ _____　　▶ _____

3. 和方向有关的词，你还能说出哪些?

▶ ___东___　　▶ _____　　▶ _____

▶ _____　　▶ _____　　▶ _____

一 生词总动员 **WORD POWER**

生词大盘点 VOCABULARY LIST

1	欣赏	xīnshǎng	动	to appreciate, to enjoy
2	据说	jùshuō	动	It is said that…
3	线路	xiànlù	名	line, route
4	反正	fǎnzhèng	副	anyway, anyhow
5	走马观花	zǒu mǎ guān huā		to gain a superficial understanding through cursory observation
6	赶	gǎn	动	to rush for, to try to catch
7	具体	jùtǐ	形	concrete, specific
8	自助	zìzhù	动	to help oneself
9	往返	wǎngfǎn	动	to travel to and fro
10	海滩	hǎitān	名	coastal beach, beach
11	享受	xiǎngshòu	动	to enjoy
12	海鲜	hǎixiān	名	seafood
13	详细	xiángxì	形	detailed
14	坚持	jiānchí	动	to insist on
15	行程	xíngchéng	名	route or distance of travel
16	限制	xiànzhì	动	to restrict, to limit, to confine
17	操心	cāo xīn		to worry about, to be concerned over
18	转眼	zhuǎnyǎn	动	in the twinkling of an eye, in an instant, in a flash
19	向往	xiàngwǎng	动	to yearn for, to look forward to
20	尽兴	jìnxìng	动	to one's heart's content, to enjoy oneself to the full
21	带领	dàilǐng	动	to take (sb.) to a place, to guide
22	宁静	níngjìng	形	peaceful, tranquil, quiet
23	画廊	huàláng	名	gallery
24	名不虚传	míng bù xū chuán		to have a well-deserved reputation
25	充分	chōngfèn	形	full, ample

三 任务及活动 TASKS AND ACTIVITIES

（一）任务示范一 Task Demonstration Ⅰ

故事场景 查理向夏红咨询旅游的事情。

68

查　理：下个月我休假。我打算带着太太和孩子在中国旅行。

夏　红：你们打算游览名胜古迹还是欣赏自然风景？

查　理：我和太太很喜欢游览中国的古城，但是孩子不一定感兴趣。据说"上有天堂，下有苏杭"，我原来想去苏州、杭州看看的，可是……

夏　红：现在改变主意了？

查　理：是呀。昨天我上中国国际旅行社的网站查了一下，去苏州、杭州这条线路的时间安排是：第一天从北京坐火车出发，第二天到南京，第三四天去哪儿，我记不清楚了，反正我记得第六天才到苏州，第七天就去了杭州，第八天到上海，差不多是一天一个地方。

夏　红：这一趟能去那么多地方，不错呀！

查　理：什么不错呀？我算了一下，玩儿的时间比路上坐车的时间多不了多少。别说孩子了，就是我们大人也受不了呀，再说，时间这么短，也不能好好地欣赏苏杭的美景啊。

夏　红：我知道了，你不喜欢走马观花式的旅游。

查　理：当然。咱们平时上班这么紧张，旅游的时候我可不想再赶时间。我要放松自己。

夏　红：对了，前些日子，我的一个朋友跟旅行团去了海南。她说那儿很不错，休息得很好。

查　理：你现在能帮我上网查一下具体的信息吗？

夏　红：没问题。找到了，你看。海南三亚半自助游，往返都是坐飞机。一共5天，旅行社安排的活动你可以自己选择参加，自由活动的时间比较多。全家可以欣赏美丽的海滩，还可以享受美味的海鲜。这儿有详细的报价和说明。

查　理：好像很适合家庭旅行啊。好，我自己慢慢看吧，谢谢！

夏　红：不客气。祝你们度假愉快！

（二）语法点注释一　Grammar Notes Ⅰ

1 据说"上有天堂，下有苏杭"，我原来想去苏州、杭州看看的。

"据"是根据、按照的意思。常跟"说、调查、了解"等动词一起连用。例如：

①据说，他已经提前回国了。

②据了解，参加这次汉语比赛的有2000多人。

③据调查，在北京毕业的大学生有80%左右希望留在北京工作。

2 第三四天去哪儿，我记不清楚了，反正我记得第六天才到苏州，第七天就去了杭州……

"反正"有下面两种意思：

（1）表示情况虽然不同但结果一样，常与"不管"连用。例如：

①不管你怎么说，反正我不会答应。

②你来不来都没关系，反正不用你做这些事。

（2）表示事实不可更改，常常用来引出原因。例如：

③你别着急，反正不是什么大病。

④反正是我自己的事，你别管。

3 别说孩子了，就是我们大人也受不了呀。

"就是"，提出突出的事例，表示强调或假设的让步。经常与"也、都"连用。例如：

①这个道理就是小孩子都懂。

②现在许多地方都禁止吸烟，就是在饭馆也不能吸烟。

③这个字很难写，别说留学生了，就是一些中国人也常常写错。

（三）分步任务活动一　Implement Tasks Step by Step Ⅰ

1 你知道这些地方吗？

中国地图

审图号：GS(2019)1698号
自然资源部 监制

说一说　你知道中国的哪些地方？这些地方有什么特点？

	地方	特点
例	北京	北京烤鸭很好吃
1		
2		
3		
4		
5		

两人活动　根据上面的内容，和同学一起完成对话。

> **你们可以这样说**
>
> A：你知道中国的……吗？
>
> B：当然了。据说，……。
>
> A：是啊。你去过……吗？
>
> B：还没有，我打算……。/去过了，我是……去的。

2　谈旅游

两人活动　① 跟同学讨论下面的内容。

a. 你旅游过的地方多吗？＿＿＿＿＿＿＿＿＿＿＿＿＿＿＿＿

b. 你喜欢一个人去旅游？为什么？＿＿＿＿＿＿＿＿＿＿＿＿

c. 你喜欢走马观花式的旅游吗？为什么？＿＿＿＿＿＿＿＿＿

d. 除了学习以外，你会在中国旅游吗？为什么？＿＿＿＿＿＿

② 根据上面的内容，两人一组进行对话。

> **你们可以这样说**
>
> **a**
>
> A：你旅游过的地方多吗？
>
> B：我去过……，……，反正挺多的/不太多。你呢？
>
> A：我去过……，反正……。
>
> **b**
>
> A：你喜欢一个人去旅游吗？
>
> B：我……。
>
> A：有的人很喜欢一个人去旅游。
>
> B：不管……，反正……。
>
> **c**
>
> A：你喜欢走马观花式的旅游吗？
>
> B：我不太喜欢。
>
> A：走马观花式的旅游能去很多地方啊。
>
> B：可是……，反正……。
>
> **d**
>
> A：除了学习以外，你会在中国旅游吗？
>
> B：当然。……，我当然会在中国旅游。
>
> A：可是学习很紧张啊。
>
> B：不管……，反正……。

3 介绍一个旅游的好地方

小组活动 ① 用下面的提示语，介绍你们国家一个旅游的好地方。

提示语：在我们国家，……是一个旅游的好地方。别说……，就是……也喜欢去那儿旅游。在那儿可以好好欣赏……的美景，也可以享受……的美味。那儿的……非常好吃，别说……，就是……也喜欢吃。

② 听同学的介绍，记下你最感兴趣的三个地方。

	国家	地方	美景	美味
例	中国	海南三亚	海滩	海鲜
1				
2				
3				

（四）综合任务活动一 Comprehensive Tasks Ⅰ

1 介绍一次旅行

说一说 根据下面的提示，介绍一次旅行的情况。

	旅行情况	提示
1	什么时候、去了什么地方？	……年，我一个人/和朋友去……旅行。
2	为什么去那儿？	据说……，所以我想……。
3	旅行的安排	我（们）第一天从……出发，第二天……，……，我记不清楚了，反正……。
4	你觉得这次旅行怎么样？	我觉得……很适合……。

2　设计旅行计划

小组活动　朋友打算来北京旅行，请同学们一起为他/她设计一个两天的旅行计划。

	需要解决的问题	旅行计划	提示
1	去哪些地方？		名胜古迹、自然风景
2	为什么去这些地方？		据说、欣赏、放松、适合、就是……也……
3	先去哪儿，再去哪儿？怎么去？		第一天、第二天、白天、晚上、地铁、公交车、出租车、反正
4	大概花多少钱？		……不了多少

3　旅行计划各有特点

班级活动　听一听每个小组的旅行计划，大家投票选出最有特点的旅行计划。

	旅行计划的特点	小组	原因
1	最轻松的旅行计划		
2	花钱最少的旅行计划		
3	去的地方最多的旅行计划		
4	去的地方最特别的旅行计划		

新目标汉语口语课本 **5**

74

我一定会再去一次桂林

　　高中毕业的那个暑假，我第一次和同学一起去旅行。为了安全起见，父母坚持让我们随旅行团去。虽然行程安排很受限制，但吃、住、行都由旅行社安排，不用自己操心，我们玩儿得也还算开心。转眼我已经大二了，不好意思再向父母要钱去旅行了，于是，我和两个同学约好，暑假就留在上海打工挣钱，然后在"十一"黄金周的时候一起去我们向往已久的地方——桂林。

　　这次我们选择的是自助游的方式，一来是为了省钱，二来呢，是为了玩儿得更尽兴，因为时间、旅游景点等等都可以自己决定。出发前我们在网上找到了在当地做自助导游的张家姐妹，跟姐妹俩讨论了在桂林游览的行程，价格嘛，我们也比较满意。到了桂林，在导游的带领下，白天我们骑自行车走乡间小路，游宁静秀美的遇龙河，还乘船游览了百里画廊漓江，沿途的风光真是名不虚传。到了晚上，我们逛小店，品尝特色小吃，泡酒吧……充分享受了旅游带给我们的快乐。

　　其实，桂林处处是风景，还有很多好玩儿的地方我们没来得及去。下次，我一定会再去一次桂林。

（六）语法点注释二 Grammar Notes Ⅱ

1 为了**安全起见**，父母坚持让我们随旅行团去。

"为（了）……起见"，后面引出表示目的的小句。例如：

①为安全起见，请系好安全带。

②为保险起见，我们还是早点儿出发吧。

③为了方便起见，爸爸特意买了一辆电动自行车。

2 我不好意思再向父母要钱去旅行了，**于是**，我和两个同学约好……

"于是"，表示后一件事紧接着前一件事发生，后一件事往往是由前一件事引起的。例如：

①他出门时发现下雨了，于是又回去拿伞。

②大卫有急事要回国，于是向老师请了一个星期的假。

③小王和小张都觉得自己是对的，于是两个人就吵了起来。

3 这次我们选择的是自助游的方式，**一来**是为了省钱，**二来**呢，是为了玩儿得更尽兴……

"一来……，二来……"，用来表示原因、目的或好处等，常用在口语中。例如：

①参加这次口语培训班，一来可以提高自己的口语水平，二来可以认识更多的朋友。

②考试一结束他就要去旅游，一来让自己放松一下，二来也可以了解中国文化。

③他不喜欢走马观花式的旅游，一来不能好好地欣赏美景，二来又紧张又累。

（七）分步任务活动二　Implement Tasks Step by Step II

1　旅行之前要做哪些准备？

想一想　旅行之前要做哪些准备？

☐ 带上钱或信用卡　　　　☐ 带上护照或身份证

☐ 带上常用的药　　　　　☐ 买一张地图

☐ 告诉家人或朋友　　　　☐ 记下常用电话

☐ 其他＿＿＿＿＿＿＿＿＿

说一说　"为（了）……起见，旅行之前应该……"

	为（了）……起见	旅行之前应该……
1	保险	
2	安全	
3	方便	

2　遇到困难怎么办？

说一说　旅行的时候，你遇到过下面的困难吗？如果遇到这些困难应该怎么办？

	遇到的困难	怎么办？
1	护照丢了	
2	迷路了	
3	生病了	
4	找不到一起旅行的朋友了	
5	公司/家里突然有急事	
6	没赶上火车或飞机	
7	钱花完了	
8	其他情况＿＿＿＿＿＿	

两人活动 根据上面的内容，和同学一起完成对话。

> **你们可以这样说**
>
> A：旅行的时候，你遇到过什么 | A：旅行的时候，你遇到过什么困
> 　　困难吗？　　　　　　　　　 | 　　难吗？
> B：遇到过。有一次，我……， | B：没有。我的旅行都很顺利。
> 　　于是……。

3 **你喜欢什么样的旅行？**

想一想 你喜欢什么样的旅行？写出两个原因。

a. ☐ 自助游　　　　☐ 跟旅行团旅游

　　原因一：＿＿＿＿＿＿＿＿＿＿＿＿＿＿＿＿＿＿＿＿

　　原因二：＿＿＿＿＿＿＿＿＿＿＿＿＿＿＿＿＿＿＿＿

b. ☐ 一个人旅游　　☐ 和朋友一起旅游

　　原因一：＿＿＿＿＿＿＿＿＿＿＿＿＿＿＿＿＿＿＿＿

　　原因二：＿＿＿＿＿＿＿＿＿＿＿＿＿＿＿＿＿＿＿＿

c. ☐ 游览名胜古迹　☐ 欣赏自然风景

　　原因一：＿＿＿＿＿＿＿＿＿＿＿＿＿＿＿＿＿＿＿＿

　　原因二：＿＿＿＿＿＿＿＿＿＿＿＿＿＿＿＿＿＿＿＿

两人活动 说说你们喜欢什么样的旅行，并记在下面。

我喜欢……，一来……，二来……。	我的同学喜欢……，一来……，二来……。
a.	a.
b.	b.
c.	c.

（八）综合任务活动二　Comprehensive Tasks Ⅱ

1　一个值得旅行的地方

说一说 模仿下面的例子，介绍自己国家的一个值得旅行的地方。

例

> 桂林是一个值得旅行的地方，它在中国的南方。如果你去桂林旅游，白天可以骑自行车走乡间小路，游宁静秀美的遇龙河，还可以乘船游览百里画廊漓江。到了晚上，可以逛小店，品尝特色小吃，泡酒吧……价格嘛，如果你选择自助游的方式，一天差不多100块钱就够了，不太贵。

	旅行的地方	位置	行程	价格
例	桂林	中国的南方	白天可以骑自行车走乡间小路，游宁静秀美的遇龙河，还可以乘船游览百里画廊漓江。到了晚上，可以逛小店，品尝特色小吃，泡酒吧……	价格嘛，如果你选择自助游的方式，一天差不多100块钱就够了，不太贵。

2 我最想去的地方

说一说　听完同学的介绍，选出你最想去的地方。然后用下面的提示语说一说。

　　提示语：听了大家的介绍以后，我觉得我最想去的地方是……。一
　　　　　来……，二来呢，……。在……，可以充分享受旅游……。白
　　　　　天，可以……，还可以……，晚上可以……。价格嘛，……，我
　　　　　也比较满意。

四　学习后任务　REVIEW TASKS

1 你知道中国哪些有名的旅游城市？

　　有名的旅游城市有：＿＿＿＿＿＿＿　　　　＿＿＿＿＿＿＿

　　　　　　　　　　　＿＿＿＿＿＿＿　　　　＿＿＿＿＿＿＿

　　　　　　　　　　　＿＿＿＿＿＿＿　　　　＿＿＿＿＿＿＿

2 调查5位中国人，问问他们对旅游的看法。

	经常去旅游吗？为什么？	最近旅游过的地方是哪儿？	最想去旅游的地方是哪儿？	喜欢自助游吗？为什么？
1				
2				
3				
4				
5				

3 用汉语为你最近的一次旅行制订一个旅行计划。

新目标汉语口语课本

5

五 自我评估　SELF-EVALUATION

1 在完成学习后任务的时候，你用了多少刚学过的词语和句子，请画"✓"。

① 我用的生词数量是：

　□5～10个　　□10～15个　　□15～20个　　□20个以上

② 我用的句子数量是：

　□3～5个　　□5～10个　　□10～15个　　□15个以上

2 选择正确的应答。

① A：最近我去四川旅游了。　（　　　）
　B1：据说，那儿是大熊猫的故乡。一定很有意思吧！
　B2：据说，一定很有意思吧！那儿是大熊猫的故乡。

② A：你打算什么时候去海南旅游？　（　　　）
　B1：具体什么时候还没定，反正就是这个月。
　B2：不管具体什么时候还没定，反正就是这个月。

③ A：在北京旅游，两天的时间够吗？　（　　　）
　B1：北京的旅游景点太多了，别说两天，但是一个星期也不够。
　B2：北京的旅游景点太多了，别说两天，就是一个星期也不够。

④ A：六点的飞机，我们四点半出发行吗？　（　　　）
　B1：为了方便起见，我们还是四点出发吧。
　B2：为了保险起见，我们还是四点出发吧。

⑤ A：昨天，你怎么没跟我们一起回来呢？　（　　　）
　B1：唉，昨天我一个人迷路了，于是先打的回宿舍了。
　B2：唉，昨天我一个人迷路了，就是先打的回宿舍了。

⑥ A：你喜欢自助游吗？　（　　　）
　B1：我喜欢自助游。一来，可以省钱，二来呢，也比较自由。
　B2：也就是说我非常喜欢自助游。反正又省钱，又自由。

3 答一答。

① 你现在知道几个中国的旅游城市？ （　　　）

　　A. 5个以下　　　　　　B. 5个　　　　　　C. 5个以上

② 你现在可以用汉语说说自己的旅行计划吗？ （　　　）

　　A. 可以　　　　　　　　B. 不可以

③ 你是不是了解了更多国家的旅游城市？ （　　　）

　　A. 是　　　　　　　　　B. 否

4 关于在中国旅游，你现在了解到哪些新的信息？

　　① _____

　　② _____

　　③ _____

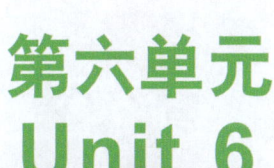

第六单元
Unit 6

购物
Shopping

话题 **Topic**	购物
任务目标 **Instructional Objectives**	能谈论个人的购物习惯和购物经历
重点词语 **Key Words**	时髦、保证、折扣、划算、可惜、缩水、新颖、配、省得
重点语句 **Key Sentences**	1. 你知道，我基本上是用自己打工挣的钱买衣服，太贵的哪儿买得起呀？ 2. 百货大楼的东西虽然质量有保证，但通常折扣不多。 3. 为了保险起见，我先买了一件货到付款的T恤衫，结果第二天就送来了，而且也很合适。
语法点 **Grammar Points**	1. 除非 4. 以……为…… 2. ……吧，……；……吧，…… 5. 一……就是…… 3. （那）得看 / 要看 / 就看…… 6. 省得

新目标汉语口语课本

5

84

导入　WARM-UP

下面是一项对男人和女人购买产品的调查结果。

1. 你喜欢购物吗？

2. 你最喜欢购买哪些产品？

☐ 生活用品（如：食品）

☐ 电子产品（如：手机）

☐ 穿着类产品（如：衣服）

☐ 学习、娱乐产品（如：CD）

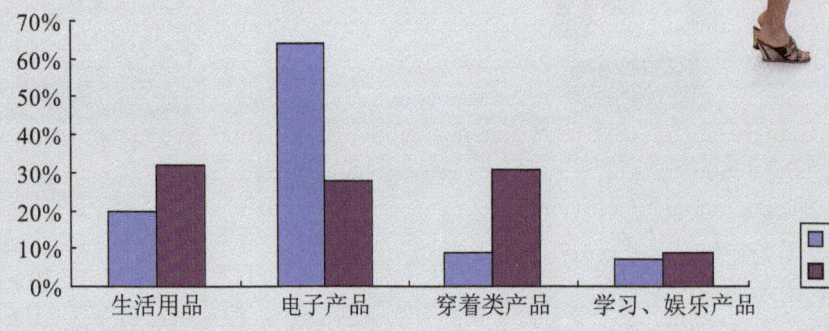

头脑风暴　BRAINSTORM

1. 买东西的时候，常常用到哪些词？

▶ ＿打折＿　　▶ ＿＿＿＿＿＿　　▶ ＿＿＿＿＿＿

▶ ＿＿＿＿＿＿　　▶ ＿＿＿＿＿＿　　▶ ＿＿＿＿＿＿

2. 除了"超市"以外，你还知道哪些和商店有关的词？

▶ ＿超市＿　　▶ ＿＿＿＿＿＿　　▶ ＿＿＿＿＿＿

▶ ＿＿＿＿＿＿　　▶ ＿＿＿＿＿＿　　▶ ＿＿＿＿＿＿

3. 去商店，可以买哪些东西？

▶ ＿衣服＿　　▶ ＿＿＿＿＿＿　　▶ ＿＿＿＿＿＿

▶ ＿＿＿＿＿＿　　▶ ＿＿＿＿＿＿　　▶ ＿＿＿＿＿＿

生词总动员　WORD POWER

生词大盘点　VOCABULARY LIST

1	时髦	shímáo	形	fashionable
2	保证	bǎozhèng	名/动	guarantee; to ensure
3	折扣	zhékòu	名	discount
4	划算	huásuàn	形	cost-effective
5	诱惑	yòuhuò	动	to tempt
6	堆	duī	量	stack, heap
7	可惜	kěxī	形	it's a pity
8	缩水	suō shuǐ		(of cloth through wetting) to shrink
9	变形	biàn xíng		to be out of shape
10	新颖	xīnyǐng	形	new, original
11	秘诀	mìjué	名	secret (of success, etc.)
12	配	pèi	动	to match
13	乐趣	lèqù	名	joy, pleasure
14	烦心	fánxīn	形	annoyed, bothered
15	摔	shuāi	动	to fall or tumble (after losing one's balance)
16	鼠标	shǔbiāo	名	(computer) mouse
17	满足	mǎnzú	动	to be satisfied
18	陷阱	xiànjǐng	名	trap, snare
19	参考	cānkǎo	动	to refer to
20	评价	píngjià	名/动	evaluation; to evaluate
21	谨慎	jǐnshèn	形	cautious
22	省得	shěngde	连	so as to avoid
23	屏幕	píngmù	名	screen
24	掏	tāo	动	to pull out of, to fish out (from one's pocket)

新目标汉语口语课本 5

86

三 任务及活动　TASKS AND ACTIVITIES

（一）任务示范一　Task Demonstration Ⅰ

 张丽和她的韩国朋友美善聊天。

美　善：张丽，你的衣服都那么时髦、漂亮，是不是很贵呀？

张　丽：我的衣服都很便宜。你知道，我基本上是用自己打工挣的钱买衣服，太贵的哪儿买得起呀？

美　善：我去过两次王府井，把那里的商店都逛遍了，也没买到一件让自己满意的衣服。

张　丽：王府井是外地人喜欢去的地方，那儿的东西都挺贵的。百货大楼的东西虽然质量有保证，但通常折扣不多。

美　善：那你从来不去大商店买衣服吗？

张　丽：我一般不去，除非是节日或者换季的时候。那时候，很多商店都打折，有的全场1到5折，买什么都划算。

美　善：可是也容易经不住诱惑，买回一堆没用的东西。时间长了，想扔掉吧，觉得可惜；不扔吧，又占地儿。欸，那你平时都去服装市场买衣服吗？

张　丽：那种地方的衣服便宜是便宜，不过，我上过当。当时看起来很不错，可洗过以后不是缩水，就是变形，所以我再也不去了。我现在喜欢去服装小店，那儿的衣服款式新颖。

美　善：价格怎么样？

张　丽：价格怎么样，那就得看你会不会砍价了。

美　善：那还是算了吧，我最怕跟人砍价了。

张　丽：我告诉你一个秘诀：不管老板说多少钱，你还的价都是它的
　　　　一半。要是老板不答应，你就走。这时候，老板总会把你叫
　　　　回去再商量。

美　善：那我也试试，不过还是得你陪我去。

张　丽：没问题。上星期我买了一条蓝裙子，正想给它配一件上衣
　　　　呢。我们学校旁边就有不少这样的服装店，今天下午我们就
　　　　去吧。

（二）语法点注释一 Grammar Notes Ⅰ

1 我一般不去（大商店），**除非**是节日或者换季的时候。

"除非"强调某个条件是唯一的条件，常用下面几种句式：

（1）"除非……，才……"，表示只有在某种条件下才有某种结果。例如：

①除非他请我，我才去。

②除非换季打折的时候，我才去大商店买衣服。

（2）"除非……，否则……"，表示如果不是在某种条件下，就不会有某种结果。例如：

③除非他请我，否则我不去。

④除非换季打折的时候，否则我不去大商店买衣服。

（3）"除非……，才……，否则……"，是（1）和（2）两个句式组合在一起，表达的意思更清楚，语气更强烈。例如：

⑤除非他请我，我才去，否则我是不会去的。

⑥除非换季打折的时候，我才去大商店买衣服，否则我不去。

（4）"……，除非……"，前面表示一般的情况，后面强调不发生一般情况的特殊条件。例如：

⑦我不去，除非他请我。

⑧我一般不去大商店买衣服，除非换季打折的时候。

2 时间长了，想扔掉**吧**，觉得可惜；不扔**吧**，又占地儿。

"……吧，……；……吧，……"，表示两种选择各有缺点，其中"吧"引出两种不同的选择。例如：

①骑车去吧，路太远；打的去吧，太贵。

②买大号的吧，有点儿大；买中号的吧，又有点儿小。

③大家选我当班长。当吧，我能力不够；不当吧，又不好意思拒绝。

3 价格怎么样，**那就得看**你会不会砍价了。

"（那）得看"、"（那）要看"、"（那）就看"等，表示前面的事情因后面的事情而定。例如：

①明天能不能比赛，要看下不下雨了。

②考试考得好不好，就看你准备得怎么样了。

③这件事能不能成功，得看你自己。

（三）分步任务活动一　Implement Tasks Step by Step Ⅰ

1 我的购物习惯

说一说　用"除非"回答下面的问题。

	问题		回答
例	你常去大商店买衣服吗？	（×）	a.我一般不去，除非是节日或者换季的时候。 b.除非是节日或者换季的时候，我才去。 c.除非是节日或者换季的时候，否则我不去。
1	你常买名牌商品吗？	（　）	
2	你常和男/女朋友逛商店吗？	（　）	
3	你常常一次买很多衣服吗？	（　）	
4	你常常给父母买衣服吗？	（　）	
5	你常常用信用卡买东西吗？	（　）	

两人活动 谈谈你们的购物习惯，把对方的回答写在下面。

	问题	回答	条件
例	你常去大商店买衣服吗？	一般不去	节日或者换季的时候
1	你常买名牌商品吗？		
2	你常和男／女朋友逛商店吗？		
3	你常常一次买很多衣服吗？		
4	你常常给父母买衣服吗？		
5	你常常用信用卡买东西吗？		

2 扔还是不扔？

两人活动 模仿下面的例子，用"……吧，……；……吧，……"练习。

	A	B
例	那些没用的东西，扔不扔都不好。	扔掉吧，觉得可惜；不扔吧，又占地儿。
1	买不买，很难决定。	
2		一个人去或者跟朋友／家人去都不好。
3	贵的或者便宜的都不行。	
4		平常去或者节日去都不合适。
5	去百货商店或者小店都不好。	
6		这件衣服配裤子或者裙子都不合适。

3 我对商品的要求

说一说 买下面的商品，你有什么要求？

a. 书（如汉语书、词典）——

b. 食品（如面包、牛奶）——

c. 电器（如手机、电视机）——

d. 家具（如书桌、衣柜）——

例 衣服——我买衣服，要看它时髦不时髦、便宜不便宜。

两人活动 根据下面的提示进行对话。如果你们的要求不一样，请记在表格里。

你可以这样说

A：你买……的时候，怎么选？

B：……好不好，得看……。

A：我觉得还要看……。

	商品	我的要求	同学的要求
1	书（如汉语书、词典）		
2	食品（如面包、牛奶）		
3	电器（如手机、电视机）		
4	家具（如书桌、衣柜）		

（四）综合任务活动一 Comprehensive Tasks Ⅰ

1 张丽的购物习惯

说一说 根据下面的提示，介绍张丽的购物习惯。

	张丽的购物习惯	提示
1	基本上用什么钱买衣服？	打工、买得起
2	一般不去哪儿买衣服？为什么？	百货大楼、质量、折扣、除非、划算、服装市场、便宜、上当、缩水、变形
3	喜欢去哪儿买衣服？为什么？	服装小店、款式
4	那儿的东西，价格怎么样？	那就得看、砍价
5	有什么砍价的秘诀吗？	看中、不管……都……、要是……就……、商量

2 我的购物习惯

小组活动　说说自己的购物习惯，听听别人的购物习惯，并记下来。

	购物的习惯	我	同学：_____	同学：_____
1	基本上用什么钱买衣服？			
2	一般不去哪儿买衣服？为什么？			
3	喜欢去哪儿买衣服？为什么？			
4	那儿的东西，价格怎么样？			
5	有什么砍价的秘诀吗？			

3 你们的购物习惯一样吗？

班级活动　每个小组选一个代表，介绍你们这个小组的购物习惯。

你可以这样说	
购物习惯一样	购物习惯不一样
我们这个小组的同学购物习惯差不多一样。我们都喜欢去……买衣服。那儿……。我们不喜欢去买衣服的地方是……。因为……。……同学的砍价方法最好，他/她……。	我们这个小组的同学购物习惯不太一样。有的喜欢去……，因为……。有的喜欢去……，因为……。……同学的砍价方法最好，他/她……。

（五）任务示范二 Task Demonstration Ⅱ

我迷上了网上购物

　　以前我是一个以逛商店为乐趣的人：跟男朋友吵架要逛，遇到烦心事要逛，有了开心事更要逛，而且一逛就是一天，从来不知道累。朋友们都说我是"购物狂"。可去年我的腿摔伤了，整天只能待在家里，不得不在网上订购日常用品，于是，我慢慢尝到了网上购物的甜头。它可以让我不出家门就买到东西，而且点点鼠标就能货比三家，最让我满意的还是价格，比去商店买便宜不少呢。后来，我也尝试着在网上买衣服和鞋。为了保险起见，我先买了一件货到付款的T恤衫，结果第二天就送来了，而且也很合适。从此，我迷上了网购，开始在网上购买各种东西，看到自己在网上挑选的东西被寄送到家，心里别提多满足了。

　　虽然我在网上也遇到过陷阱，买过质量不好的商品，但如果我们参考其他买家对商品的评价，谨慎选择，就不会上当受骗。现在，我一看到朋友提着大大小小的购物袋回来，就会劝她们在网上购物，省得为一样东西跑几个商店，可她们却说：对着电脑屏幕买衣服，怎么能知道是不是自己的尺寸？再说，没有亲眼看到东西，也不能掏腰包呀！

（六）语法点注释二　Grammar Notes Ⅱ

1 我是一个以逛商店为乐趣的人。

"以……为……"，相当于"把……作为……"。例如：

①我认为谈恋爱应该以结婚为目的。

②现在我以学习汉语为最大乐趣。

③这次去上海，我主要以旅游为目的。

2 有了开心事更要逛，而且一逛就是一天。

"一……就是……"，表示做某事的时间长或数量多。例如：

①妹妹喜欢吃冰淇淋，一吃就是三个。

②刚出差的时候，我喜欢吃方便面，一吃就是一个月。

③生日那天，我们在卡拉OK厅一唱就是半天。

3 我会劝她们在网上购物，省得为一样东西跑几个商店。

"省得"表示目的，意思是为了避免不希望的事情发生。例如：

①一次多买点儿吧，省得跑几趟。

②多穿点儿衣服，省得感冒。

③今天我们早点儿出发，省得路上堵车，迟到了。

（七）分步任务活动二　Implement Tasks Step by Step Ⅱ

1 上网的目的

说一说　①你平时上网的目的主要是什么？周末的时候以什么为乐趣？

例

我平时上网以购物为目的。

周末的时候，我以逛商店为乐趣。

② 听听大家的说法，然后回答下面的问题。

1	很多同学平时上网的目的是什么？	
2	周末的时候，很多同学以什么为乐趣？	
3	谁上网的目的很特别？	
4	谁的乐趣很特别？	

2 我生活里最大的乐趣

说一说　①介绍你生活里的最大乐趣是什么？

例　我是一个以逛商店为乐趣的人：跟男朋友吵架要逛，遇到烦心事要逛，有了开心事更要逛，而且一逛就是一天，从来不知道累。

② 听完大家的回答后，用下面的提示语总结一下。

提示语：很多同学以……为乐趣。

……的时候要……，……的时候也要……，……的时候更要……。

有的同学一……就是……，有的同学一……就是……。

有的同学的生活乐趣比较特别，他们以……为乐趣，一……就是……。

3 逛商店还是网上购物？

说一说　你喜欢逛商店还是网上购物？把它的好处和坏处写在下面。

逛商店		网上购物	
好处	坏处	好处	坏处

两人活动　你们的看法一样吗？

你们可以这样说

A：我喜欢……，……可以……，省得……。

B：我也喜欢……。……，省得……。

A：我喜欢……，……可以……，省得……。

B：我不喜欢……。……，不能……。我喜欢……，……可以……，省得……。

（八）综合任务活动二　Comprehensive Tasks Ⅱ

1　"我"的网上购物经历

说一说　根据下面的提示，介绍课文中"我"的网上购物经历。

	"我"的网上购物经历	提示
1	以前"我"喜欢做什么？	以前我是一个以……的人：……要逛，……要逛，……更要逛，而且一……就是……。
2	什么时候，"我"开始在网上买日常用品？	……，于是，我慢慢地尝到了……。
3	网上购物有什么好处？	它让我可以……，而且……就能……，最让我满意的还是……，比……。
4	什么时候，"我"开始在网上买衣服和鞋，买的东西怎么样？	后来，我也尝试着……，为了……起见，我先买……，结果……，而且……。
5	现在，"我"喜欢网上购物吗？	从此，我迷上了……，开始在网上……，看到……，心里……。

2 我的网上购物习惯

小组活动 ① 说说自己网上购物的习惯。

我差不多每个月在网上买____次东西

我经常在网上买的是：_____

我从来没在网上买过：_____

② 听完同学的介绍后，记在表格里。

	网购次数（次/月）	网购最多的东西	从来没有网购过的东西
1			
2			
3			
4			
5			

3 你们的购物习惯一样吗？

班级活动 每个小组选出一个代表，用下面的提示语介绍你们小组的情况。

提示语：在我们小组，每个月网购次数最多的是……，他/她每个月在网上买……。网购次数最少的是……。

大家经常在网上买的东西有……，有的同学也在网上买……。大家从来没有在网上买过的是……。

四 学习后任务　REVIEW TASKS

1 你知道中国哪些有名的购物网站？

有名的购物网站有：_____　　　_____

_____　　　_____

2 调查5位中国人，问问他们对网上购物的看法。

	网购次数（次/月）	经常购物的网站	经常网购的东西	从来没有网购过的东西
1				
2				
3				
4				
5				

五 自我评估　SELF-EVALUATION

1 在完成学习后任务的时候，你用了多少刚学过的词语和句子，请画"✓"。

① 我用的生词数量是：

☐5～10个　　☐10～15个　　☐15～20个　　☐20个以上

② 我用的句子数量是：

☐3～5个　　☐5～10个　　☐10～15个　　☐15个以上

2 选择正确的应答。

① A：你喜欢网上购物吗？　（　　　）
　 B1：我一般不在网上购物，除非特别忙，才没时间逛商店。
　 B2：我一般不在网上购物，除非特别忙，没时间逛商店。

② A：大商店的衣服一般都很贵！　（　　　）
　 B1：是啊。喜欢的吧，太贵；便宜的吧，又不喜欢。
　 B2：是啊。喜欢的吧，太贵；不喜欢的吧，太便宜。

③ A：打折的衣服，质量好吗？ （　　　）

　B1：质量好不好，就看你会不会选了。

　B2：质量好，就看你会选了。

④ A：你平时喜欢逛商店吗？ （　　　）

　B1：很喜欢，我是个以为逛商店乐趣的人。

　B2：很喜欢，我是个以逛商店为乐趣的人。

⑤ A：你多长时间去一次超市？ （　　　）

　B1：大概一个星期，一般一买就是一个星期的。

　B2：大概一个星期，一般一去就是一个星期的。

⑥ A：你喜欢在网上买书吗？ （　　　）

　B1：喜欢，网上买书可以送到家，省得别人跑。

　B2：喜欢，网上买书可以送到家，省得自己跑。

3 答一答。

① 你现在知道几个中国的购物网站？ （　　　）

　　A. 3个　　　　　B. 3个以下　　　　　C. 3个以上

② 你现在可以用汉语说说自己网上购物的经历吗？ （　　　）

　　A. 可以　　　B. 不可以

③ 你是不是了解了更多同学的购物习惯？ （　　　）

　　A. 是　　　　B. 否

4 关于在中国购物，你现在了解到哪些新的信息？

① _____

② _____

③ _____

第七单元
Unit 7

压力
Pressure

话题 **Topic**	压力
任务目标 **Instructional Objectives**	能以"压力"为话题，谈论压力产生的原因、压力的表现以及解压的办法
重点词语 **Key Words**	胃口、至少、失眠、伤脑筋、造成、缓解、恢复、郁闷、应聘、催
重点语句 **Key Sentences**	1. 像我这样有老婆、孩子的男人得挣钱养家呀，所以最近我一直为工作伤脑筋。 2. 我认为你身体不舒服都是工作压力过大造成的。 3. 要想缓解压力，就得放松自己。 4. 很多人面临压力的时候都会抑郁、烦躁、食欲不振。
语法点 **Grammar Points**	1. 连……都/也…… 　　4. 不但没/不……，反而…… 2. 是（由）……造成的　5. 以…… 3. 要想……就得……　　6. 从……做起

导入　WARM-UP

1. 你有什么压力？

☐ 学习压力　　☐ 工作压力　　☐ 经济压力

2. 你的压力大吗？

☐ 很大　　　　☐ 一般　　　　☐ 不太大

3. 有压力的时候，你怎么办？

☐ 停下来，做喜欢的事情

☐ 继续做必须做的事情

☐ 停下来，什么也不做

 头脑风暴　BRAINSTORM

1. 表示身体不舒服的词有哪些？

▸ ___失眠___　　　▸ _____　　　▸ _____

▸ _____　　　▸ _____　　　▸ _____

2. 表示心里不舒服的词有哪些？

▸ ___烦___　　　▸ _____　　　▸ _____

▸ _____　　　▸ _____　　　▸ _____

3. 和工作有关系的词有哪些？

▸ ___加班___　　　▸ _____　　　▸ _____

▸ _____　　　▸ _____　　　▸ _____

二 生词总动员 WORD POWER

生词大盘点 VOCABULARY LIST

1	胃口	wèikǒu	名	appetite
2	莫名其妙	mò míng qí miào		to be baffled, to be inexplicable
3	至少	zhìshǎo	副	at least
4	失眠	shī mián		insomnia
5	销售	xiāoshòu	动	to sell
6	奖金	jiǎngjīn	名	bonus
7	伤脑筋	shāng nǎojīn		knotty, troublesome
8	造成	zàochéng	动	to cause, to bring about
9	缓解	huǎnjiě	动	to relieve
10	瑜伽	yújiā	名	yoga
11	想象	xiǎngxiàng	动	to imagine
12	独处	dúchǔ	动	to stay alone
13	恢复	huīfù	动	to recover
14	面临	miànlín	动	to face, to confront
15	抑郁	yìyù	形	depressed, gloomy
16	烦躁	fánzào	形	annoyed and impatient
17	食欲不振	shíyù búzhèn		poor appetite, lack (or loss) of appetite
18	承受	chéngshòu	动	to bear, to endure
19	郁闷	yùmèn	形	gloomy
20	就业	jiù yè		to be employed
21	应聘	yìngpìn	动	to apply for a job
22	竞聘	jìngpìn	动	to compete for (a position)
23	职位	zhíwèi	名	position, post
24	催	cuī	动	to hurry, to urge, to press

新目标汉语口语课本

5

三 任务及活动　TASKS AND ACTIVITIES

（一）任务示范一　Task Demonstration Ⅰ

 **故事场景** 张远与心理医生刘静对话。

张　远：刘医生，我最近胃口不好，每天都觉得很累，可检查身体以后，大夫说我身体没什么问题，建议我来您这里看看。

刘　静：你还有其他不舒服的感觉吗？

张　远：有时候头疼，手掌心冰凉或者莫名其妙地出汗。

刘　静：睡眠怎么样？

张　远：睡眠也不好，一个星期至少有两三个晚上失眠。

刘　静：睡不着的时候，你脑子里想些什么呢？

张　远：主要是工作的事吧。我是做销售工作的。从去年到现在，我们部门已经连续一年没有完成销售任务了。工资和奖金都受到了影响，再这样下去，说不定连饭碗都保不住了。

刘　静：你的经济压力挺大，是吗？

张　远：当然。像我这样有老婆、孩子的男人得挣钱养家呀，所以最近我一直为工作伤脑筋。

刘　静：根据你做的心理测试和你介绍的情况，我认为你身体不舒服都是工作压力过大造成的。

张　远：您能给我介绍一些缓解压力的办法吗？

刘　静：要想缓解压力，就得放松自己。你可以练练瑜伽。

张　远：那可不行，我一个大男人怎么能练瑜伽呢？那不是女人的运动吗？

刘　静：谁说男人不能练瑜伽呀？

102

张　远：您还是给我介绍其他的方法吧。

刘　静：好。有一种最简单的方法，就是用语言和想象放松自己。在你安静独处的时候，深呼吸，闭上眼睛对自己说："我正舒服地躺在沙滩上，听着优美的音乐。"这样就可以在短时间里放松自己，恢复精力。

张　远：这个方法听起来不错，我试试吧。

（二）语法点注释一　Grammar Notes Ⅰ

1 再这样下去，说不定**连**饭碗**都**保不住了。

"连……都/也……"，用提出一个特别的例子的方式来强调说明某种情况，例如：

①这首歌人人都会唱，连八十岁的老太太都会。

②最近，他常常在公司加班，连星期天也不休息。

③他说的那种方言跟普通话差别很大，连好多中国人都听不懂。

2 我认为你身体不舒服都**是**工作压力过大**造成的**。

"是（由）……造成的"，表示产生某种不好的情况的原因。例如：

①大夫，我想知道我最近的头疼是什么原因造成的。

②警察认为这次交通事故是司机酒后开车造成的。

③据了解，一些成年人的心理问题是由不正确的家庭教育造成的。

3 **要想**缓解压力，**就得**放松自己。

"要想"，是"如果想"的意思，后面常用"就得、应该、最好"等提出建议。例如：

①要想学好汉语，就得多听、多说、多读、多写。

②路上可能会堵车，要想不迟到，我们应该早点儿出发。

③你要想顺利找到那个地方，最好带上地图。

（三）分步任务活动一　Implement Tasks Step by Step Ⅰ

1 忙的时候，你会怎么样？

想一想 工作或学习很忙的时候，你会怎么样？

☐ 没时间吃饭　　　　☐ 不能睡觉

☐ 周末也工作或学习　☐ 没时间洗衣服

☐ 不接朋友的电话　　☐ 其他＿＿＿＿＿＿＿＿

两人活动 和同学一起完成对话。

> **你们可以这样说**
>
> A：最近，你工作/学习忙吗？
>
> B：最近特别忙。连……都……。
>
> A：我工作/学习忙的时候，也是这样。
>
> B：有时候，连……都……。

2 你对自己的健康状况满意吗？

说一说 ① 你对自己的健康状况满意吗？有什么不满意的地方，你觉得是什么原因造成的？

☐ 睡眠不好　　☐ 胃口不好　　☐ 眼睛不好

☐ 太胖/太瘦　☐ 常常觉得累　☐ 其他＿＿＿＿＿＿＿

② 听同学的介绍，完成下表。

	同学的情况	"……都是……造成的"
例	___张远___ 的身体不舒服。	张远的身体不舒服都是工作压力过大造成的。
1	＿＿＿＿的睡眠不好。	
2	＿＿＿＿的胃口不好。	
3	＿＿＿＿的眼睛不好。	
4	＿＿＿＿太胖/太瘦。	
5	＿＿＿＿常常觉得累。	
6	＿＿＿＿……。	

3 你最近有什么打算？

想一想　你最近有下面这些打算吗？为什么？

☐ 练习瑜伽　　☐ 找一份兼职　　☐ 找一个语伴
☐ 减肥　　　　☐ 去健身房锻炼　☐ 买一辆车
☐ 参加HSK考试　☐ 学习新的技术　☐ 其他_____

例　要想缓解压力，就得练习瑜伽。

两人活动　和同学一起完成对话。

> 你们可以这样说
>
> A：我最近打算……。
> B：为什么？
> A：我觉得……。要想……，就得……。
> B：你说得有道理。

（四）综合任务活动一　Comprehensive Tasks Ⅰ

1 压力大的时候

说一说　压力大的时候，人们会有哪些问题？

提示语：胃口、头疼、冰凉、莫名其妙、失眠、伤脑筋

2 他们的压力大不大？

小组活动　设计一个调查问卷，调查其他组的同学压力大不大。

你的工作／学习压力大不大？		
	问题	答案
例	最近你觉得胃口怎么样？	A.很不好　　B.一般　　C.很好
1		
2		
3		

3 我的新发现

小组活动 比较调查问卷的结果，说说有什么情况是你以前没有想到的。

提示语：在调查完其他组同学以后，我发现……。我原来以为……，现在才知道……。……，这也是我以前没有想到的。

（五）任务示范二 Task Demonstration Ⅱ

既要减压也要减肥

很多人面临压力的时候都会抑郁、烦躁、食欲不振，人也变得越来越瘦，可我在承受压力的时候，体重不但没减，反而增加了二十多斤，真让人郁闷！

我的压力主要来自两个方面：一是就业，二是找男朋友。自从去年大学毕业，我就一直在找工作。我去过很多家单位应聘。有时候是因为工作不理想或者薪水不高，有时候则是几百个人竞聘一个职位。在激烈的竞争面前，我经历了一次次失败。

看着同学们一个个找到了满意的工作，自己却还闲在家里，心里总觉得不舒服。别人心情不好的时候可能去酒吧喝酒，而我则喜欢吃零食。结果是，到现在不但工作没找到，身材还变得越来越圆。妈妈看我找不到工作，就三天两头地催我交男朋友。可是，以我现在的条件，怎么可能跟自己欣赏的人交往呢？看着镜子里肥胖的自己，我心里难过极了。这样的我不是更难找到工作吗？想来想去，我决定把压力变为动力。我打算从减肥开始做起，然后改掉眼高手低的毛病，找到一份工作。到那个时候，想把自己嫁出去就不是什么困难的事了。

（六）语法点注释二 Grammar Notes Ⅱ

1 我在承受压力的时候，体重**不但**没减，**反而**增加了二十多斤。

"不但没/不……，反而……"，前一小句用否定句，后一小句用肯定句，表示更进一层的意思。例如：

①吃了这种药，我不但没睡着，反而更清醒了。

②困难不但没让他害怕，反而让他更勇敢。

③你这样做不但不能解决问题，反而使问题更复杂了。

2 **以**我现在的条件，怎么可能跟自己欣赏的人交往呢？

"以"，表示"凭借"的意思，常表示凭借某种条件、能力、水平等。例如：

①以我现在的汉语水平，还不能当一个合格的翻译。

②以我对他的了解，我觉得他很可能决定留下来继续工作。

③以他的工作能力和多年的工作经验，应该可以当这个部门的经理。

3 我打算**从**减肥开始**做起**，……

"从……做起"，表示从某件事或某人开始做。例如：

①保护环境，应该从我们身边的小事做起。

②他从公司的销售员做起，经过五年的努力，现在已经是部门经理了。

③在要求别人爱自己以前，自己要先学会爱别人。爱要从自己做起。

（七）分步任务活动二 Implement Tasks Step by Step II

1 体重不但没减，反而增加了二十多斤。

> **两人活动** 模仿例子，用"不但……，反而……"进行练习。

A	B
例：体重没减，而且增加了二十多斤。	体重不但没减，反而增加了二十多斤。
走这条路不近，而且更远了。	
	他没有早到教室，还晚了二十分钟。
他不讨厌小狗了，而且开始喜欢了。	
	这儿的东西没便宜，而且更贵了。
他的工资没有增加，而且减少了。	
	他没有失眠，而且睡得更多了。

2 谁能做？谁不能做？

> **说一说** ① 谁能做？谁不能做？

例	___我___ 不可能跟自己欣赏的人交往。	以我现在的条件，不可能跟自己欣赏的人交往。
1	_____可以参加学校篮球队。	以……的个子，可以……。
2	_____可以参加卡拉OK比赛。	以……的能力，可以……。
3	_____能找到一份理想的工作。	以……的条件，一定能……。
4	_____可以通过HSK6级。	以……的汉语水平，参加……一定能……。
5	_____穿这件衣服一定很漂亮。	以……的身材，……。
6	_____不能当汉语老师。	以……现在的……，怎么能……呢？

② 听听别人的意见，看看大家的看法一样吗。

3 你打算从什么做起？

(想一想)　你最近有下面这些打算吗？你打算从什么做起？

☐ 减肥　　　　　　　☐ 锻炼身体　　　　　☐ 找男/女朋友

☐ 参加一种考试　　　☐ 参加一项比赛　　　☐ 学习新的技术

☐ 找/换工作　　　　☐ 去国外旅行

☐ 在中国上大学/上研究生　　　　　☐ 其他＿＿＿＿＿＿＿

(例)　我想减肥，我打算从不吃晚饭开始做起。

(两人活动)　和同学一起完成对话。

> **你们可以这样说**
>
> A：最近我想……？
> B：要……就得……。
> A：是啊。所以我打算从……做起。
> B：希望你能成功。

（八）综合任务活动二　Comprehensive Tasks Ⅱ

1 "我"的压力

(说一说)　根据下面的提示，介绍课文中的"我"的压力。

提示语：很多人面临压力的时候会……，……，我……。我的压力主要来自……：一是……，二是……，……。自从……，我……。想来想去，我决定……。我打算从……开始做起，然后……，……。到那个时候，……就不是什么困难的事了。

2 你们有什么压力？

小组活动   说一说你们有什么压力？怎么减压？

提示	你面临压力的时候会怎么样？	你的压力来自哪些方面？	说说你打算怎样减压？
提示	很多人……的时候，常常……。我也/则……。	我的压力主要来自……。一是……，二是……，（三是……）。	要想……，就得把压力变为动力。我打算从……开始做起，然后……。
1			
2			
3			
4			
5			

3 大家面临压力时有什么共同点？

说一说   听听其他同学的介绍，用下面的提示语说说大家的共同点。

提示语：很多人面临压力的时候都会……。他们的压力主要来自……：一是……，二是……，（三是……）。要想缓解压力，就得把压力变为动力。所以，很多人都打算从……开始做起，然后……，……。

四 学习后任务   REVIEW TASKS

1 你知道哪些健身运动的名称？

健身运动有：____瑜伽____   _____

_____   _____

_____   _____

2 调查5位中国人，问问他们有什么压力，怎么缓解压力。

	有没有压力？	压力来自哪方面？	缓解压力的方法是什么？
1			
2			
3			
4			
5			

3 如果你的朋友有工作或学习压力，你会建议他/她怎么办？

五 自我评估 SELF-EVALUATION

1 在完成学习后任务的时候，你用了多少刚学过的词语和句子，请画"✓"。

① 我用的生词数量是：

☐ 5～10个　　☐ 10～15个　　☐ 15～20个　　☐ 20个以上

② 我用的句子数量是：

☐ 3～5个　　☐ 5～10个　　☐ 10～15个　　☐ 15个以上

2 选择正确的应答。

① A：你头疼的毛病好一点儿了吗？　　（　　　）
　　B1：好一点儿了，以前连睡觉的时候都疼。
　　B2：好一点儿了，以前连睡觉的时候就疼。

② A：真可惜，要是认真一点儿，你这次考试就能及格了。　　（　　　）
　　B1：是啊，是很多错误造成的粗心。
　　B2：是啊，有很多错误都是粗心造成的。

③ A：我怎么才能减肥呢？　　（　　　）
　　B1：要想减肥，就得多运动。
　　B2：要是减肥，可能多运动。

④ A：你今天上班一定迟到了吧？ （ ）

B1：今天我是打车去的，所以不但没迟到，反而比平常早了十分钟。

B2：今天我是打车去的，所以不但不迟到，还比平常早了十分钟。

⑤ A：没想到他50岁还能找到一份新的工作。 （ ）

B1：是啊，以他的年龄，找一份新的工作挺不容易的。

B2：是啊，以为他的年龄，找一份新的工作挺不容易的。

⑥ A：我决心从下周一开始锻炼身体，每天跑步两小时。 （ ）

B1：既然决定了，为什么要到下周才开始，就从今天做起吧。

B2：既然决定了，为什么要到下周才开始，就从今天做起来吧。

3 答一答。

① 你现在知道哪些健身运动的名称？ （ ）

    A. 3种   B. 3种以下   C. 3种以上

② 你现在可以用汉语说说你的压力吗？ （ ）

    A. 可以   B. 不可以

③ 你是不是用汉语介绍了你缓解压力的方法？ （ ）

    A. 是   B. 否

④ 参加了同学们的讨论，你觉得大家缓解压力的方法一样吗？ （ ）

    A. 基本一样   B. 不一样

4 关于怎么缓解压力，你现在了解到哪些新的信息？

① _____

② _____

③ _____

第八单元
Unit 8

家庭
Family

话题 **Topic**	家庭
任务目标 **Instructional Objectives**	能以"家庭"为话题与中国人展开讨论
重点词语 **Key Words**	借口、冤枉、客户、偏偏、支持、难免、怀疑、提醒、直率、嫉妒
重点语句 **Key Sentences**	1. 我早就后悔当初辞职了。 2. 周末我让他陪我去逛街，他却偏偏要去打高尔夫球。 3. 道理我明白，可有时候我真的很生气，控制不住自己，难免会向他发脾气。 4. 回想起孩子出生不久，我跟婆婆之间发生的矛盾，真觉得有点儿可笑。
语法点 **Grammar Points**	1. 一旦　　　4. 回想起 2. 至于　　　5.（再）加上 3. 难免　　　6. 非（得）……不可

导入　WARM-UP

1. 如果你是男人：
   你希望妻子是全职太太吗？为什么？

2. 如果你是女人：
   你愿意做全职太太吗？为什么？

 ## 头脑风暴　BRAINSTORM

1. 除了"买菜"，说说还有哪些家务？

   ▶ 买菜　　　　　▶ _____　　　　　▶ _____

   ▶ _____　　　　　▶ _____　　　　　▶ _____

2. 一个好妻子，有哪些特点？

   ▶ 温柔　　　　　▶ _____　　　　　▶ _____

   ▶ _____　　　　　▶ _____　　　　　▶ _____

3. 一个好丈夫，有哪些特点？

   ▶ 尊重妻子　　　　　▶ _____　　　　　▶ _____

   ▶ _____　　　　　▶ _____　　　　　▶ _____

生词总动员 WORD POWER

生词大盘点 VOCABULARY LIST

1	当初	dāngchū	名	originally, at first, at that time
2	在乎	zàihu	动	to care about
3	应酬	yìngchou	动	to have social intercourse
4	借口	jièkǒu	名	excuse
5	冤枉	yuānwang	动	to wrong, to treat unjustly
6	开展	kāizhǎn	动	to develop, to launch, to promote
7	业务	yèwù	名	business, occupational activities
8	客户	kèhù	名	client, customer
9	偏偏	piānpiān	副	*used before a verb to show contrariness or determination*
10	支持	zhīchí	动	to support
11	控制	kòngzhì	动	to control
12	难免	nánmiǎn	形	hard to avoid, unavoidable
13	言听计从	yán tīng jì cóng		to always follow sb.'s advice
14	怀疑	huáiyí	动	to doubt, to suspect
15	平淡	píngdàn	形	dull, insipid
16	鸡毛蒜皮	jīmáo suànpí		trifles, trivialities
17	念头	niàntou	名	thought, idea
18	盼	pàn	动	to look forward to
19	提醒	tíxǐng	动	to remind
20	不以为然	bù yǐ wéi rán		to object to, to consider sth. wrong
21	忍让	rěnràng	动	to be forbearing and conciliatory
22	直率	zhíshuài	形	frank, candid, straightforward
23	嫉妒	jídù	动	to be jealous, to envy

 任务及活动　TASKS AND ACTIVITIES

（一）任务示范一　Task Demonstration Ⅰ

故事场景　夏红和大学同学若兰聊天。

夏　红：若兰，我们有好几个月没见面了吧？

若　兰：可不是吗？我知道你们每天上班都很忙，周末还得打扫房间、洗衣服什么的。

夏　红：是啊。真羡慕你，一结婚就做了全职太太，不用像我们这么辛苦。

若　兰：唉，别提了。我早就后悔当初辞职了。我发现，女人一旦在经济上依赖老公，她的婚姻就变味儿了。

夏　红：怎么会呢？你们不是很恩爱吗？

若　兰：那是谈恋爱的时候，现在他越来越不在乎我了。他认为我在家做家务都是应该的。更可气的是，我天天守在家里，可他下班以后经常很晚才回家，老说是应酬，我看都是借口。

夏　红：你可能冤枉他了。你不知道，现在在公司工作，压力很大，为了开展业务，晚上请客户吃饭是常有的事。

若　兰：可是周末我让他陪我去逛街，他却偏偏要去打高尔夫球。

夏　红：运动是好事呀！你应该支持你丈夫，至于逛街嘛，找朋友陪你去不就行了吗？你听说过这样一句话吗："结婚前要睁大眼睛，结婚后要闭上一只眼睛。"

若　兰：道理我明白，可有时候我真的很生气，控制不住自己，难免会
　　　　向他发脾气。

夏　红：你这脾气应该改改了。女人可以不聪明、不漂亮，但一定要温
　　　　柔，不能要求男人对自己言听计从。

若　兰：我看你老公事事都听你的。

夏　红：那是在你们面前，在他朋友面前都是我听他的。夫妻嘛，就应
　　　　该互相理解和尊重。

若　兰：还是你们这样做更聪明。看来，我做得确实不太好，不应该在
　　　　他工作忙的时候还抱怨他，更不应该怀疑他对我的感情。

（二）语法点注释一　Grammar Notes Ⅰ

1 女人**一旦**在经济上依赖老公，她的婚姻就变味儿了。

"一旦"，副词，表示出现新情况或假设新情况的出现，常与"就"连用。例如：

①病人一旦有什么变化，请你马上通知我。

②这个菜你一旦尝过就忘不了它的味道。

③如果父母总是替孩子做事，将来孩子一旦离开父母，就不能独立生活。

2 你应该支持你丈夫，**至于**逛街嘛，找朋友陪你去不就行了吗？

"至于"，介词，引出新的话题，用在句子的开头。例如：

①今天是A班的同学去参观博物馆，至于C班，可能是后天去。

②我知道他要去上海，至于什么时候去，我不太清楚。

③他来中国主要是为了学习汉语，至于是不是在这儿工作，他还没想过。

3 有时候我真的很生气，控制不住自己，**难免**会向他发脾气。

"难免"，表示不容易避免，很可能发生。例如：

①学习一门新的语言，难免会遇到困难。

②他是刚来的，对工作还不熟悉，难免慢一些。

③她在这里没什么朋友，而且这几天又生病，难免心情不好。

（三）分步任务活动一　Implement Tasks Step by Step Ⅰ

1 有什么变化？

说一说　在下面的情况下，有什么变化。

例	经济不依赖老公	婚姻美满	经济依赖老公	婚姻变了味儿
1	在家的时候		离开家以后	
2	谈恋爱以前		谈恋爱以后	
3	大学毕业以前		大学毕业以后	
4	单身的时候		结了婚	
5	没有孩子		有了孩子	
6	恋爱的时候		跟他/她分手以后	

例　女人一旦在经济上依赖老公，她的婚姻就变了味儿。

两人活动　和同学一起完成对话。

> **你们可以这样说**
>
> A：你现在……了，不用……。感觉怎么样？
>
> B：别提了。还是……的时候好啊。
>
> A：是吗？为什么？
>
> B：一旦……就……。

2 你们的爱好一样吗？

说一说　你和你（丈夫、朋友、姐姐、……）的爱好一样吗？

我	我（丈夫、朋友、姐姐……）
逛街	打高尔夫球
睡觉	
打牌	
运动	
看书	
看电视	
打游戏	
其他＿＿＿＿	

例　（周末）我让他陪我去逛街，他却偏偏要去打高尔夫球。

两人活动　和同学一起完成对话。

你们可以这样说

A：（周末）我想……，我……却偏偏要……。

B：……。你可以……。至于……嘛，……不就行了吗？

3 我不喜欢的事情

说一说　对你的丈夫（朋友、……），你不喜欢的事情有哪些？

例　我丈夫常常<u>什么家务都不干</u>。更可气的是，他<u>下班以后经常很晚回家</u>。

a. ＿＿＿＿＿＿＿＿＿＿＿＿＿＿＿＿＿＿＿

b. ＿＿＿＿＿＿＿＿＿＿＿＿＿＿＿＿＿＿＿

c. ＿＿＿＿＿＿＿＿＿＿＿＿＿＿＿＿＿＿＿

d. ＿＿＿＿＿＿＿＿＿＿＿＿＿＿＿＿＿＿＿

e. ＿＿＿＿＿＿＿＿＿＿＿＿＿＿＿＿＿＿＿

两人活动 和同学一起填写下表，并完成对话。

例	我丈夫很晚才回家。	他为了开展业务，晚上请客户吃饭，难免很晚才回家。
1	我_____爱逛街	
2	我_____常常发脾气	
3	我_____	
4	我_____	
5	我_____	

你们可以这样说

A：我丈夫（朋友、……）常常……。真气人！

B：他／她……，难免……。

A：更可气的是，他／她……。

B：他／她……，难免……。

（四）综合任务活动一 Comprehensive Tasks Ⅰ

1 假如我是他／她

说一说 假如你是若兰、若兰的丈夫或者夏红，你想说些什么？

若兰	我一结婚，就……。可是我早就后悔……了。我发现一旦……，……就……。现在我丈夫越来越……。他认为……都是应该的。更可气的是，我……，可他下班……。周末的时候我让他……，他却偏偏要……。有时候我真的……，控制不住……，难免……。
若兰的丈夫	我一结婚，就……。可是她现在后悔……了。我发现一旦……，……就……。现在我妻子经常向我……。更可气的是，她说我去应酬都是……。她不知道，现在……，为了……，……是常有的事。周末的时候，我想……，她却偏偏要……。
夏红	我结婚以后，没有……。现在每天上班很忙，周末还得……。虽然这样，但是我不后悔。我觉得，谈恋爱和结婚不一样，一旦结了婚，……就……。现在我丈夫常常……，更可气的是，……。有时候我……，他却偏偏要……。有句话说："结婚前要……，结婚后要……。"我觉得很有道理。夫妻嘛，应该……。

2 我们应该做什么？

小组活动 ① 说一说为了婚姻幸福，应该做什么？不应该做什么？

提示词：周末、辞职、一旦、依赖、恩爱、在乎、家务、应酬、陪、偏偏
　　　　支持、控制、难免、言听计从、理解、尊重、抱怨、怀疑

② 每个小组选一个代表，简单记录大家的看法。

同学　内容	应该做什么	原因	不应该做什么	原因

3 大家的看法一样吗？

班级活动 请每个小组的代表说一说你们认为应该做的是什么，不应该做的是什么。大家的看法一样吗？

你可以这样说

看法一样

　　我们这个小组的同学看法都差不多。大家都认为，为了婚姻幸福，丈夫/妻子应该……，因为……。丈夫/妻子不应该……，也不应该……。

看法不一样

　　我们这个小组的同学看法不太一样。有的同学认为，为了婚姻幸福，丈夫/妻子应该……，不应该……。有的认为，丈夫/妻子应该……，不应该……。

（五）任务示范二 Task Demonstration Ⅱ

我的幸福生活

不知不觉，我结婚已经十年了。如今，女儿也上了小学。日子过得平平淡淡、快快乐乐。回想起孩子出生不久，我跟婆婆之间发生的矛盾，真觉得有点儿可笑。其实都是为一些鸡毛蒜皮的小事，可当时我却觉得日子过不下去了，甚至有了离婚的念头。现在想想，真可谓"忍一时风平浪静，退一步海阔天空"。

那时候，我刚怀孕。婆婆总是问我想吃酸的还是辣的，但不管我怎么回答，她准备的菜都是酸的。我知道婆婆心里盼着我给她生个孙子。所以，她第一眼看见孙女的时候，脸上的表情是那么失望。当时我心里不太舒服，再加上她给孩子热奶不是烫了，就是凉了。我提醒她几次，她都不以为然。我向老公抱怨，结果他不但不同情我，反而说我无事生非。那些日子我感到很委屈，跟老公吵架，和婆婆生气自然成为常有的事。朋友劝我要学会忍让，学会爱屋及乌，爱丈夫就应该接受他的家人。后来，我发现婆婆其实很爱自己的孙女，平时见到什么好吃的、好玩儿的就非得给孙

女买不可。婆婆还是个开朗、直率的人，我慢慢也学会了有什么想法就直接跟她说，就像对自己的妈妈一样。婆婆也把我看成了自己的女儿，老公常常嫉妒地说："妈对你比对我这个亲生儿子都好。"

（六）语法点注释二　Grammar Notes Ⅱ

1 **回想起**孩子出生不久，我跟婆婆之间发生的矛盾，真觉得有点儿可笑。

"回想起"，表示回忆某件事情，后面一定有宾语。例如：

①看到这些孩子，我忍不住回想起自己的童年生活。

②回想起和孩子们在一起的生活，她常常笑出声来。

③回想起在学校学习的经历，回想起同学之间的友谊，我真不想离开学校。

2 当时我心里不太舒服，**再加上**她给孩子热奶不是烫了，就是凉了。

"（再）加上"，连词，表示进一步说明原因或理由，后面常常表示结果。例如：

①由于今天下大雨，加上是下班高峰期，本来1个小时的路程我们走了3个小时。

②这家饭馆的菜味道好，再加上环境不错，所以很受大家的欢迎。

③夫妻两人的工作都很忙，加上生活习惯不一样，吵架的次数越来越多。

3 平时见到什么好吃的、好玩儿的就**非得**给孙女买**不可**。

"非（得）……不可"，两个否定词在一起表示肯定，意思是"一定……"，语气强烈。例如：

①要想说好一门外语，非得自己多说多听不可。

②你这样不注意身体，最后非生病不可。

③每天早饭的时候，我都非得喝一杯咖啡不可。

（七）分步任务活动二　Implement Tasks Step by Step Ⅱ

1 回想起那时候

小组活动　① 如果让你说下面的情况，你会用什么词形容？

回想起	例：孩子出生不久，跟婆婆之间发生的矛盾	可笑
	1. 大学毕业时	
	2. 第一次谈恋爱	
	3. 那一次考试失败	
	4. 第一次出国的时候	
	5. 生病住院的时候	

② 听同学们的介绍，填表。

回想起	例：孩子出生不久，跟婆婆之间发生的矛盾	我 觉得有点儿可笑。
	1. 大学毕业时	____觉得_____
	2. 第一次谈恋爱	____觉得_____
	3. 那一次考试失败	____觉得_____
	4. 第一次出国的时候	____觉得_____
	5. 生病住院的时候	____觉得_____

2 你觉得满意吗？

说一说　① 你觉得满意吗？为什么？

☐ 自己的身材　　☐ 汉语水平　　☐ 住的地方　　☐ 食堂的饭菜

☐ 自己的工作　　☐ 男/女朋友　　☐ 丈夫/妻子　　☐ 公公/婆婆

☐ 岳父/岳母　　☐ 汉语水平　　☐ 其他＿＿＿＿＿＿＿＿＿

	结果	原因1	原因2
例	我心里很不舒服。	婆婆第一眼看见孙女，脸上的表情是那么失望。	给孩子热奶，不是烫了，就是凉了。
1			
2			
3			
4			
5			

② 听同学们的介绍，填表。

	结果	原因
例	＿我＿ 心里很不舒服。	婆婆第一眼看见孙女，脸上的表情是那么失望。再加上她给孩子热奶，不是烫了，就是凉了。
1	＿＿＿对自己的汉语水平不/很满意	再加上＿＿＿＿＿＿＿＿＿＿
2	＿＿＿对住的地方不/很满意	再加上＿＿＿＿＿＿＿＿＿＿
3	＿＿＿对食堂的饭菜不/很满意	再加上＿＿＿＿＿＿＿＿＿＿
4	＿＿＿对自己的工作不/很满意	再加上＿＿＿＿＿＿＿＿＿＿
5	＿＿＿对＿＿＿＿＿不/很满意	再加上＿＿＿＿＿＿＿＿＿＿

3 不满意，怎么办？

（两人活动） 根据上面的内容，两人一组进行对话。

> ### 你们可以这样说
>
> A：你对……满意吗？　　　A：你对……满意吗？
>
> B：我对……不满意。因为　　B：还行。
>
> 　　……。再加上……。
>
> A：那你非得……不可。
>
> B：是啊，我也这么想。

（八）综合任务活动二　Comprehensive Tasks Ⅱ

1 "我"的婚姻生活。

（说一说） 用下面的提示语，介绍课文中"我"的婚姻生活。

提示词：不知不觉间，我……已经十年了。如今，……。回想起……，我跟……，真觉得有点儿可笑。

那时候，我……。婆婆总是问我……。但是不管……，她……都是酸的。我知道婆婆心里盼着……。所以，她第一眼……的时候，脸上的表情……。当时我……，再加上她给孩子热奶不是……，就是……。那些日子我感到……，跟……，和……成为常有的事。

后来，我发现婆婆其实……。婆婆还是个……的人，我慢慢也学会了……，就像对……一样。婆婆也把……。

2 他们的生活有变化吗？

调查活动　调查5位同学，他们的婚姻（留学、爱情……）生活有变化吗？

	现在的想法	开始的时候	后来
提示	不知不觉间，我……已经……年了。如今，……。回想起……，真觉得……。	那时候，我……。……总是……。不管……都……。……，再加上……。那些日子我感到……，……成为常有的事。	后来，我发现……其实……。我慢慢学会了……。
1			
2			
3			
4			
5			

3 我们的看法基本相同

说一说　听听其他同学的介绍，说一说你跟谁的看法基本相同。

提示词：我和……一样。……已经……年了。如今，回想起……，都觉得……。那时候，我们……。……总是……。不管……都……。……，再加上……。那些日子，我们常常感到……，……成为常有的事。后来，我们发现……其实……。我们慢慢学会了……。

四 学习后任务 REVIEW TASKS

1 你知道哪些家庭成员的称呼？

家庭成员有：　　　婆婆　　　　　　　　　　　　　　　　　　

　　　　　　　　　　　　　　　　　　　　　　　　　　　　　　

　　　　　　　　　　　　　　　　　　　　　　　　　　　　　　

2 调查5位中国人，说说他们对自己的婚姻生活满意吗？

	对婚姻生活满意吗？	以前怎么样？	现在怎么样？
1			
2			
3			
4			
5			

3 如果你的朋友对丈夫/妻子的家人不满意，你会建议他/她怎么办？

五 自我评估 SELF-EVALUATION

1 在完成学习后任务的时候，你用了多少刚学过的词语和句子，请画"✓"。

① 我用的生词数量是：

☐ 5～10个　　☐ 10～15个　　☐ 15～20个　　☐ 20个以上

② 我用的句子数量是：

☐ 3～5个　　☐ 5～10个　　☐ 10～15个　　☐ 15个以上

2 选择正确的应答。

① A：我喝了酒就想睡觉。　　（　　）
　　B1：我跟你不一样，我一旦喝了酒就喜欢又唱又跳。
　　B2：我跟你不一样，我一旦喜欢喝酒就又唱又跳。

② A：周末去海边游泳，你和小王都去吗？　（　　）
　　B1：我一定会去，关于小王，你得问问他自己。
　　B2：我一定会去，至于小王，你得问问他自己。

③ A：这几天，他天天在公司加班，一回家就跟我发脾气。　（　　）
　　B1：他最近的工作压力大，难免心情不好。
　　B2：他最近的工作压力大，于是心情不好。

④ A：刚结婚的时候，我丈夫什么事都听我的，从来不跟我吵架。　（　　）
　　B1：是啊，刚结婚的时候，回想起我丈夫跟我的关系也很好。
　　B2：是啊，回想起刚结婚的时候，我丈夫跟我的关系也很好。

⑤ A：你刚开始大学生活，习惯吗？　（　　）
　　B1：大学的生活很丰富，加上我中学就开始住校了，所以很快就习惯了。
　　B2：大学的生活很丰富，而且我中学就开始住校了，加上很快就习惯了。

⑥ A：听说，你去过桂林。那儿怎么样？　（　　）
　　B1：桂林处处是风景，有机会非得我再去一次不可。
　　B2：桂林处处是风景，有机会我非得再去一次不可。

3 答一答。

① 你现在知道几个家庭成员的称呼？　（　　）
　　A. 5个　　　　　B. 5个以下　　　　C. 5个以上

② 你现在可以用汉语介绍一段过去的生活吗？　（　　）
　　A. 可以　　　　B. 不可以

③ 你用汉语介绍了你的什么生活？　（　　）
　　A. 婚姻生活　　B. 爱情生活　　　C. 留学生活　　　D. 其他

④ 参加了同学们的讨论，你觉得大家对婚姻生活的看法一样吗？　（　　）
　　A. 基本一样　　B. 不一样

4 关于中国人的婚姻生活，你现在了解到哪些新的信息？

① _____

② _____

③ _____

娱乐
Entertainment

话题 Topic	娱乐
任务目标 Instructional Objectives	能邀约朋友一起休闲娱乐，并能谈论适合不同人群的娱乐方式
重点词语 Key Words	碟、误解、收获、受罪、勉强、休闲、娱乐、精力、靠、忙碌、例外
重点语句 Key Sentences	1. 我约了几个老同学，一起去酒吧喝酒，怎么样？ 2. 难道你就不想跟我们这些老同学叙叙旧吗？ 3. 我发现钓鱼真是一种享受，不但能让我感受到收获的快乐，还能欣赏湖光山色。 4. 随着人们生活水平的提高，休闲娱乐的方式也越来越丰富。
语法点 Grammar Points	1. 跟……似的　　　　4. 随着 2. 只是……（罢了）　5. 靠 3. 难道　　　　　　6. 无论……都……

导入　WARM-UP

下面是一项关于中国学生周末活动的调查结果。

说一说，你周末喜欢做什么？

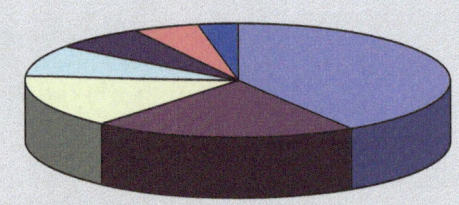

- □ 上网　　　■ 唱卡拉OK
- ■ 运动　　　■ 聚餐
- □ 看电视　　■ 其他
- □ 玩儿手机

 ## 头脑风暴　BRAINSTORM

1. 和娱乐生活有关的词还有哪些？

▶ 卡拉OK　　　▶ _____　　　▶ _____

▶ _____　　　▶ _____　　　▶ _____

2. 指娱乐的地方的词还有哪些？

▶ 卡拉OK厅　　▶ _____　　　▶ _____

▶ _____　　　▶ _____　　　▶ _____

3. 和休息时间有关的词还有哪些？

▶ 周末　　　　▶ _____　　　▶ _____

▶ _____　　　▶ _____　　　▶ _____

一　生词总动员　WORD POWER

生词大盘点　VOCABULARY LIST

1	一向	yíxiàng	副	always
2	碟	dié	名	compact disc
3	光顾	guānggù	动	to patronize, to visit (a shop)
4	失意	shīyì	形	frustrated, dejected
5	绝对	juéduì	副	absolutely, totally
6	误解	wùjiě	名/动	misunderstanding; to misunderstand
7	优雅	yōuyǎ	形	elegant, graceful
8	牢骚	láosāo	名	complaint
9	叙旧	xù jiù		to talk about the old days
10	收获	shōuhuò	名/动	harvest; to harvest
11	受罪	shòu zuì		to suffer
12	勉强	miǎnqiǎng	动	to force
13	休闲	xiūxián	动	to spend or beguile one's leisure time
14	娱乐	yúlè	动	to enjoy oneself
15	琢磨	zuómo	动	to ponder
16	舍得	shěde	动	not to grudge
17	精力	jīnglì	名	energy, vigor
18	旺盛	wàngshèng	形	vigorous
19	靠	kào	动	to depend on
20	聚集	jùjí	动	to gather
21	忙碌	mánglù	形	busy
22	例外	lìwài	动/名	to make an exception; exception
23	闲暇	xiánxiá	名	leisure
24	毫不犹豫	háo bù yóuyù		without hesitation

三 任务及活动　TASKS AND ACTIVITIES

（一）任务示范一　Task Demonstration Ⅰ

故事场景　周五下班的时候，孙强给他的朋友李伟打电话。

孙　强：喂，李伟，下班了吗？

李　伟：下班了。什么事呀？

孙　强：今天不是周末嘛？咱们
也该放松一下了。我约
了几个老同学，一起去
酒吧喝酒，怎么样？

李　伟：你知道，我一向不喜欢
去那种地方。我还是回
家看新买的碟吧。

孙　强：你怎么跟我爷爷似的，以为光顾酒吧的十有八九是那些酒鬼或
者失意的人，这绝对是误解。

李　伟：我可没那么想，只是不喜欢吵闹的环境罢了。

孙　强：上次我跟朋友谈生意，去过一家不错的酒吧。那儿的环境优
雅，音乐也好听，我们可以轻松地聊聊天、发发牢骚，放松一
下心情。人总是戴着面具生活太累了！

李　伟：这么说，我非去不可了？

孙　强：当然。难道你就不想跟我们这些老同学叙叙旧吗？

李　伟：好，那我就舍命陪君子吧。

孙　强：这还差不多。我在咱们上次去的那家歌舞厅订了一个包间，大
家先在那儿吃点儿饭，然后喜欢唱歌的唱会儿歌，喜欢打牌的
打会儿牌，等到晚上10点以后再去酒吧。

李　伟：那得什么时候才能回家呀？同事还约我明天去钓鱼呢。

孙　强：放心吧，不会太晚的。我怎么不知道你还有钓鱼的爱好呀？

李　伟：前段时间跟同事去过两次。我发现钓鱼真是一种享受，不但能让我感受到收获的快乐，还能欣赏湖光山色。你也可以去试试。

孙　强：坐在一个地方半天不动，我可受不了。对我来说那不是享受，是受罪。

李　伟：那我就不勉强你了。对了，还没告诉我几点见面呢。

孙　强：7点。不见不散。

（二）语法点注释一　Grammar Notes Ⅰ

1　你怎么跟我爷爷似的……

"跟……似的"，表示情况差不多，相当于"像……一样"。除了"跟"也可以用"像、好像"等词。常用在口语中。例如：

①她对我特别关心，跟姐姐似的。

②看他走路的样子像喝醉了酒似的。

③他们一见面就跟老朋友似的聊了起来。

2　我可没那么想，只是不喜欢吵闹的环境罢了。

"只是……（罢了）"，用于进一步解释或者说明情况，句尾可以用"罢了"，语气更为缓和。例如：

①这个词我以前学过，只是现在忘了。

②我没生气，只是想一个人走一走。

③他不是不会写，只是不愿意写罢了。

3 **难道**你就不想跟我们这些老同学叙叙旧吗？

"难道"，副词，常用在反问句中，加强反问语气。例如：

①这件事，大家都知道啊。难道你一直不知道吗？

②刚来中国，难道你现在就想回国吗？

③他是中国人，难道不会说汉语吗？

（三）分步任务活动一　Implement Tasks Step by Step Ⅰ

1 你怎么跟我爷爷似的

两人活动　①说一说，你喜欢或不喜欢谁？为什么？

	谁	"……似的"
例	我女朋友	跟我妈妈似的
1		跟我妹妹似的
2		跟老师似的
3		跟大明星似的
4		跟老朋友似的
5		跟警察似的

例 我女朋友的话很多，跟我妈妈似的。

②说一说，什么时候，像下面的情况？

	……的时候	"……似的"
例	他们讨论问题的时候	跟吵架似的
1		跟过节似的
2		跟病了似的
3		跟喝醉了似的
4		跟不花钱似的
5		跟丢了钱似的

例 他们讨论问题的时候跟吵架似的。

2 我喜欢的娱乐方式

说一说　下面哪些事情，你以前常做，现在不常做？为什么？

☐ 上网　　　☐ 看书　　　☐ 运动　　　☐ 看电视

☐ 逛街　　　☐ 聚餐　　　☐ 去酒吧　　☐ 唱卡拉OK

例 我以前喜欢上网，只是现在学习太忙没时间。

两人活动　说说你们喜欢的娱乐方式一样吗。

你们可以这样说

以前常做，现在不常做	以前常做，现在也常做
A：你喜欢……吗？	A：你喜欢……吗？
B：喜欢。以前我……。	B：喜欢。以前我……。
A：现在，你不喜欢……吗？	A：现在呢？
B：也喜欢，只是……。	B：现在也……。

---

3 我不喜欢的娱乐方式

说一说　李伟和孙强的爱好一样吗？解释下面反问句的意思或者说出反问句。

	反问句	意思
酒吧	李伟：难道只有喝酒才能放松心情吗？	
	孙强：难道去酒吧的就一定是酒鬼吗？	
钓鱼	李伟：难道钓鱼不是一种享受吗？	
	孙强：	钓鱼就是受罪。
看碟	李伟：	看碟是一种享受。
	孙强：	现在没有好看的碟。

说一说 你不喜欢什么娱乐方式？为什么？

	娱乐方式	原因	"难道……吗？"
例	去酒吧	不能放松心情	难道去酒吧喝酒能放松心情吗？
1			
2			
3			
4			

两人活动 和同学进行对话。

你们可以这样说

A、B都喜欢	A喜欢，B不喜欢
A：你喜欢……吗？	A：……能……。你喜欢……吗？
B：喜欢。我觉得……能……。	B：我不喜欢……。……。难道……吗？
A：我也喜欢……，……还可以……。	A：可是，……能……。难道……吗？
	B：……也能……。我喜欢……。

（四）综合任务活动一　Comprehensive Tasks Ⅰ

1 你喜欢哪些娱乐方式？

说一说 你喜欢哪些娱乐方式，为什么？

☐上网　　☐看书　　☐运动　　☐看电视

☐逛街　　☐聚餐　　☐去酒吧　　☐唱卡拉OK

☐其他＿＿＿＿＿＿＿

	娱乐方式	原因
1		
2		
3		
4		
5		

2 **我不同意你的看法**

两人活动 根据上面的问题找一个看法不同的同学一起练习，试着说服对方。

你们可以这样说

喜欢	不喜欢
A：……真是一种享受，不但能……，还能……。 A：……，这绝对是误解。 A：……可以……。人总是……太累了！ A：即使你不喜欢……，难道就不想……吗？ A：要不你也去试试？/ 那我就不勉强你了。	B：我一向不喜欢……。 B：我可没那么想，只是不喜欢……罢了。 B：我可受不了……，对我来说那不是……，是……。 B：我还是……吧。

（五）任务示范二 Task Demonstration Ⅱ

人们的休闲娱乐方式

　　每到周末或者假期，人们就会琢磨去哪儿度假，怎么让自己放松一下。这是人之常情。随着人们生活水平的提高，休闲娱乐的方式也越来越丰富。不同年龄的人们往往有着不同的休闲方式。

　　年轻人舍得花钱。游乐场、电影院、酒吧、网吧等娱乐场所都能看到他们的身影。他们最大的特点就是精力旺盛，所以打球、游泳、健身什么的也是他们的休闲方式。

　　老年人一般靠退休金生活，但他们有的是时间。如果你去公园就能看到那里每天都聚集了很多老人，他们有的在下棋或者唱京剧，有的在跳舞或者打太极拳什么的。无论他们在做什么，脸上都带着笑容。看得出来，他们在享受生活。

　　我是个上有老，下有小的中年人，每天都过着忙忙碌碌的生活，周末也不例外。我既没有闲钱，也没有闲暇。朋友约我去喝茶或者郊游的时候，我常常会毫不犹豫地拒绝，因为周末我最需要的就是逛街。对我来说，逛街不但能给自己和家人买到好东西，还能品尝美食，既活动了身体，又放松了心情，应该算是最好的休闲方式了。

（六）语法点注释二　Grammar Notes Ⅱ

1 **随着**人们生活水平的提高，休闲娱乐的方式也越来越丰富。

"随着"，常表示情况变化的条件。例如：

①随着天气渐渐暖和，公园里锻炼身体的人越来越多了。

②随着生活水平的提高，人们更加关注自己的身体健康。

③随着中国经济的发展，中国在国际舞台上的地位变得越来越重要了。

141

2 老年人一般**靠**退休金生活，但他们有的是时间。

"靠"，表示动作行为凭借的手段、工具或者依据。例如：

①他大学四年的生活费都是靠打工挣来的。

②俗话说，在家靠父母，出门靠朋友。

③他终于靠自己的努力，取得了成功。

3 **无论**他们在做什么，脸上**都**带着笑容。

"无论……都……"，表示在任何条件下结果或结论都不会改变。例如：

①无论刮风还是下雨，他从来不迟到。

②无论是哪一门课，都应该好好学习。

③无论遇到多大的困难，我们都要坚持下去。

（七）分步任务活动二　Implement Tasks Step by Step Ⅱ

1 人们的休闲娱乐有什么变化？

说一说　①人们的休闲娱乐有什么变化，为什么？

	休闲娱乐的变化	条件
例	休闲娱乐的方式越来越丰富	人们的生活水平提高了
1	休闲娱乐的时间……	
2	出国旅游的人……	
3	运动健身的人……	
4	……的人……	

②用"随着……"说明上面的情况。

	"随着……"	"……越来越……"
例	随着人们生活水平的提高	休闲娱乐的方式也越来越丰富。
1		
2		
3		

2 奶奶靠退休金生活

调查活动　调查一下你们班同学，将调查结果填在下面的空格中。

1. _____靠_____缓解压力。　　4. _____靠_____让自己忘记伤心事。

2. _____靠_____让自己放松。　　5. _____靠_____了解新闻。

3. _____靠_____挣自己的生活费。　6. _____靠_____找到了工作。

例　奶奶 靠 退休金 生活。

你们可以这样说

A：现在人们的压力越来越大，你是怎么缓解压力的？

B：我一般靠……让自己放松。你呢？

A：我喜欢……。

3 你同意吗？

想一想　下面的说法，你同意吗？

a. 工作不忙，要放松；工作忙，也要放松。　　　　（　　）

b. 有钱，要享受生活；没钱，也要享受生活。　　　（　　）

c. 年轻人要锻炼身体，老年人也要锻炼身体。　　　（　　）

d. 年轻人喜欢去酒吧，老年人也喜欢去酒吧。　　　（　　）

e. 女人喜欢逛街，男人也喜欢逛街。　　　　　　　（　　）

说一说　用"无论……都……"表达你的看法。

例	他们下棋，脸上带着笑容； 他们跳舞，脸上带着笑容。	无论他们在做什么，脸上都带着笑容。
1		无论谁……，都……。
2		无论有没有……，都……。
3		无论……还是……，都……。
4		无论多……，都……。

（八）综合任务活动二　Comprehensive Tasks Ⅱ

1 在我们国家，人们的休闲娱乐方式

小组活动　① 在你们国家，人们的休闲娱乐方式有哪些？根据下面的提示说一说。

内容	在我国，人们的休闲娱乐方式
休闲娱乐方式越来越丰富	随着……，……也越来越……。 不同年龄的人们往往……。
年轻人的休闲娱乐方式	……让自己放松。 ……都能看到他们的身影。 ……都是他们的休闲方式。
老年人的休闲娱乐方式	靠……生活。 有的……有的……。 无论……都……。

② 每个小组选一个代表，简单记录大家的看法。

内容　同学	国家	休闲娱乐方式	
		年轻人	老年人

2 在不同的国家，人们的休闲娱乐方式

（班级活动）每个小组选一个代表，说说在不同的国家，人们的休闲娱乐方式有哪些共同点。

提示语：我们这个小组的同学来自……。虽然是不同的国家，但是人们在休闲娱乐方式上有一些共同点。比如：年轻人都喜欢……。老年人则喜欢……。当然，也有一些不同。比如在……（国），……。

3 我最喜欢的休闲娱乐方式

（说一说）用下面的提示语说说自己最喜欢的休闲娱乐方式。

提示语：我是个……，……过着……的生活。我既……，也……。……的时候，我常常……。我最需要的是……。对我来说，……不但能……，还能……，既……，又……，应该算是最好的休闲方式了。

四　学习后任务　REVIEW TASKS

1 在北京，你知道哪些娱乐场所的中文名字？

我知道的娱乐场所有：<u>五道口电影院</u>　　<u>　　　　　</u>

<u>　　　　　</u>　　<u>　　　　　</u>

<u>　　　　　</u>　　<u>　　　　　</u>

<u>　　　　　</u>　　<u>　　　　　</u>

2 调查5位中国人的休闲娱乐方式。

	年龄	性别	喜欢的娱乐方式	休闲娱乐的时间（小时/周）
1				
2				
3				
4				
5				

五　自我评估　SELF-EVALUATION

1 在完成学习后任务的时候，你用了多少刚学过的词语和句子，请画"✓"。

① 我用的生词数量是：

　□5～10个　　　□10～15个　　　□15～20个　　　□20个以上

② 我用的句子数量是：

　□3～5个　　　□5～10个　　　□10～15个　　　□15个以上

2 选择正确的应答。

① A：你男朋友第一次去你家，紧张吗？　（　　　）
　B1：他可一点儿不紧张，一见我父母就跟老朋友聊起来了。
　B2：他可一点儿不紧张，一见我父母就跟老朋友似的聊起来了。

② A：你不喜欢看电影，我们就去逛街吧。　（　　　）
　B1：我不是不喜欢看电影，只是今天我没带眼镜，看不清楚。
　B2：我不是不喜欢看电影，只有今天我没带眼镜，看不清楚。

③ A：这么远，打车回去太贵了。　（　　　）
　B1：可是现在已经没有公共汽车了，难道你要走着回去吧？
　B2：可是现在已经没有公共汽车了，难道你要走着回去吗？

④ A：现在的青少年越来越胖了。　（　　）
　B1：是啊，随着生活水平，这种现象越来越严重。
　B2：是啊，随着生活水平的提高，这种现象越来越严重。

⑤ A：他周末都要去餐厅打工，没时间去玩儿。　（　　）
　B1：是啊，他的学费都是靠自己打工挣的。
　B2：是啊，他的学费都是为自己打工挣的。

⑥ A：我最大的爱好是听音乐，你呢？　（　　）
　B1：我最喜欢拍照，无论走到哪儿我都会带着相机。
　B2：我最喜欢拍照，无论走到每个地方我都会带着相机。

3 答一答。

① 你现在知道几个娱乐场所的中文名字？　（　　）
　A.5个　　　　　　B.5个以下　　　　C.5个以上

② 你现在可以用汉语介绍你的休闲娱乐方式吗？　（　　）
　A.可以　　　　　B.不可以

③ 你能用汉语介绍你们国家人们的休闲娱乐方式吗？　（　　）
　A.能　　　　　B.不能

④ 参加了同学们的讨论，你觉得大家的休闲娱乐方式一样吗？　（　　）
　A.基本一样　　　B.不一样

4 关于中国人的休闲娱乐方式，你现在了解到哪些新的信息？

①　_____

②　_____

③　_____

第十单元
Unit 10

求学之路
Pursuing One's Studies

话题 Topic	求学之路
任务目标 Instructional Objectives	能询问他人的学习经历，并能介绍自己的学习生活和感受
重点词语 Key Words	适当、体育、人际、过程、社团、专业、选修、恋爱、陌生、盼望
重点语句 Key Sentences	1. 作业那么多，每天才能睡几个小时呀！ 2. 那时候我儿子连吃早饭的时间都没有。 3. 回想起高三的那些日子，简直是不堪回首，就像一杯没有糖的咖啡，又苦又涩。 4. 我除了专业课以外，还选修了好几门有意思的课。
语法点 Grammar Points	1. 再……也…… 4. 简直 2. 难怪 5. 更别提 / 说……了 3. 才 6. 值得一提

导入　WARM-UP

你的中学或大学生活怎么样？选择两个词形容你的中学或大学生活，
并说说原因。

☐ 紧张　　☐ 愉快

☐ 难忘　　☐ 单调

☐ 丰富　　☐ 伤心

☐ 痛苦　　☐ 美好

头脑风暴　BRAINSTORM

1. 你学过和考试有关的词有哪些？

▶ ＿中考＿　　　▶ ＿＿＿＿＿　　　▶ ＿＿＿＿＿

▶ ＿＿＿＿＿　　　▶ ＿＿＿＿＿　　　▶ ＿＿＿＿＿

2. 你知道在中学学习哪些课吗？

▶ ＿数学＿　　　▶ ＿＿＿＿＿　　　▶ ＿＿＿＿＿

▶ ＿＿＿＿＿　　　▶ ＿＿＿＿＿　　　▶ ＿＿＿＿＿

 生词总动员 WORD POWER

生词大盘点 VOCABULARY LIST

1	轻松	qīngsōng	形	easy, relaxed
2	值得	zhídé	动	to be worth, to deserve
3	补习	bǔxí	动	to take lessons after school
4	难怪	nánguài	动/副	no wonder
5	适当	shìdàng	形	appropriate, proper
6	体育	tǐyù	名	physical education
7	可怜	kělián	动/形	to have pity on; poor, pitiful
8	夜宵	yèxiāo	名	midnight snack, food taken late at night
9	学业	xuéyè	名	one's studies, school work
10	人际	rénjì	形	interpersonal
11	不堪回首	bùkān huíshǒu		cannot bear to think of the past
12	涩	sè	形	puckery, astringent
13	过程	guòchéng	名	process
14	度日如年	dùrì rú nián		one day seems like a year, to subsist (in hardship)
15	结交	jiéjiāo	动	to make friends with
16	社团	shètuán	名	mass organization, society
17	专业	zhuānyè	名	specialty, major
18	选修	xuǎnxiū	动	to take... as an elective course
19	光明正大	guāngmíng zhèngdà		open and aboveboard
20	恋爱	liàn'ài	动/名	to love; love
21	陌生	mòshēng	形	strange, unfamiliar
22	充实	chōngshí	形	fulfilled
23	盼望	pànwàng	动	to look forward to

二 任务及活动　TASKS AND ACTIVITIES

（一）任务示范一　Task Demonstration Ⅰ

故事场景　　张大年和老王、老王的爱人聊天。

张大年：老王，这么晚了，你们两口子怎么还在外边散步呢？

老　王：孩子今年考高中，正在家里复习功课呢。我们怕影响他，就出来散步了。

张大年：孩子中考，家长也不轻松呀。不过，你们的孩子懂事，学习成绩又好，家长再辛苦也是值得的。

老　王：我们这可不算什么，现在很多家长每天都开车接送孩子，周末还送孩子去上补习班，为的是让孩子少在路上花点儿时间。

张大年：也难怪家长这样，孩子学习挺辛苦的。作业那么多，每天才能睡几个小时呀！那时候我孩子连吃早饭的时间都没有。

老　王：不吃早饭，怎么有精神学习呀？我爱人每天早上5点多就起床，给孩子做早饭。

张大年：跟你们比，我这个当家长的就差得远了。不过，你们得让孩子适当地放松放松。

老　王：是呀，现在中考也有体育考试。我们每周末都带孩子去练习篮球和跑步。

张大年：也得让孩子做点儿他感兴趣的事。

老　王：现在可不行，等中考结束了再说吧。

张大年：孩子这么辛苦，你们可以在学校附近租一套房子呀。

老　王：我们已经找好了，下星期就搬过去。

张大年：真是可怜天下父母心呀！

老　王：我们得回家给孩子做夜宵去了，以后再聊吧。再见！

张大年：再见！

（二）语法点注释一 Grammar Notes　Ⅰ

1 你们的孩子懂事，学习成绩又好，家长**再辛苦也是值得的**。

"再……也……"，表示假设在更有利或不利的条件下，后面的结果或结论也不会受太大影响或者有很大变化。例如：

①这不是我想买的，再便宜我也不买。

②我已经决定了，你们再劝也没有用。

③这是我喜欢做的事情，再累我也愿意做。

2 也**难怪**家长这样，孩子学习挺辛苦的。

"难怪"，表示突然明白了，不觉得奇怪。在"难怪"的小句前面或后面常有表示原因的句子。例如：

①他在中国工作很多年了，难怪汉语说得这么好。

②她今天刚转到我们班，难怪大家都不认识她。

③难怪商场的人那么多，今天商场打折呀。

3 作业那么多，每天**才**能睡几个小时呀！

"才"，在这里表示数量少，程度低。例如：

①这篇课文真难，我一个小时才看完一遍。

②哥哥才比弟弟大一岁，个子却高很多。

③这辆车太小，才能坐两个人。

（三）分步任务活动一 Implement Tasks Step by Step Ⅰ

1 哪些事情值得做？

说一说 下面哪些事情值得你做？说说做这些事情可能有的困难和好处，并填在下面的表中。

☐ 学习一门外语　　☐ 学习一种乐器　　☐ 去西藏旅游

☐ 帮助老人和孤儿　☐ 办自己的公司　　☐ 其他_____

	困难	好处
学习一门外语	需要很长时间	了解不同的文化
学习一种乐器		
去西藏旅游		
帮助老人和孤儿		
办自己的公司		

两人活动 根据上表的内容，和同学一起完成对话。

> **你们可以这样说**
>
> A：这么晚了，你怎么还……呢？
> B：我打算……，正……呢。
> A：……是很辛苦的，而且……。
> B：……可以……，还能……，再……也是值得的。

2 也难怪家长这样

两人活动 选择合适的意思进行对话。

① 甲：小宇这几天怎么一直不高兴啊？
　　乙：（A.这次考试她没考好　　B.这次考试她考得不错）
　　甲：难怪（A.她很高兴　　B.她不高兴呢）

② 甲：明天要考试了，你怎么还有空儿玩儿啊？
　　乙：课文我都复习三遍了，（A.生词也都会写了　　B.生词也还不会写）
　　甲：难怪（A.你有点儿着急　　B.你一点儿也不着急）

③ 甲：你都喝了三杯咖啡了！

　　乙：没办法。昨天（A.复习到半夜4点　　B.没复习就睡了）

　　甲：难怪（A.你这么喜欢喝咖啡　　B.你这么困）

3 每天才能睡几个小时呀！

（说一说）　连线，然后完成句子。

他写字太慢了	一辆车才能……！
三天学一篇课文	10分钟才能……！
这辆车太小了	这个书包才能……！
你的书包真小	一个星期才能……！

（两人活动）　你们在学习中，有下面的情况吗？填在下面的表中。

问题	我	我的同学
写字太慢		
读课文太慢		
每天记生词太少		
每天读课文太少		
上次考试成绩不好		

（四）综合任务活动一　Comprehensive Tasks Ⅰ

1 老王两口子做了哪些事？

（说一说）　为了孩子考高中，老王两口子做了哪些事？

	家长为孩子做的事	老王两口子做过的事（✓）
1	为了……，两口子在外边……。	
2	每天都开车……。周末还……。	
3	周末陪孩子……。	
4	每天早上……起床，给孩子……。	
5	每个周末带孩子去……。	
6	让孩子做……的事情。	
7	在学校的附近……。	
8	每天晚上给孩子……。	

2 你赞成家长为孩子做这些事吗？

小组活动　① 说一说，你赞成家长为孩子做上面练习中提到的事情吗？为什么？

	家长为孩子做的事	赞成	反对
1	为了……，两口子在外边……。		
2	每天都开车……。周末还……。		
3	周末陪孩子……。		
4	每天早上……起床，给孩子……。		
5	每个周末带孩子去……。		
6	让孩子做……的事情。		
7	在学校的附近……。		
8	每天晚上给孩子……。		

② 每个小组选一个代表，简单记录大家的看法。

同学　内容	赞成的事	反对的事

3 大家的看法一样吗？

班级活动　请每个小组的代表说说你们赞成的事有哪些，反对的事有哪些。大家的看法一样吗？

> **你可以这样说**
>
> 看法一样　　　　　　　　　　　看法不一样
>
> 　我们这个小组的同学看法都差不多。大家都赞成的事是……。大家都反对……。
>
> 　我们这个小组的同学看法不太一样。有的同学赞成……，但是有的同学反对。……同学赞成……，但其他同学反对。

（五）任务示范二　Task Demonstration Ⅱ

我的大学生活

　　时间过得真快！转眼我已经结束了大一的生活。在这一年中，我学会了很多。无论是在学业方面还是在人际关系方面，都得到了很大的提高，我不知道这算不算是上大学的收获。

　　回想起高三的那些日子，简直是不堪回首，就像一杯没有糖的咖啡，又苦又涩。那一年，我们开始了以高考为目的的复习、考试，再复习、再考试的过程，每天除了吃饭、睡觉，就是学习。为了准备高考，我连电视都很少看了，更别提玩儿游戏了。那段日子可以说是度日如年。

　　由于我是从南方考到南开大学的，所以，大一这一年，我努力地适应新环境，忙着结交新朋友，忙着参加社团的活动。学业上，我除了专业课以外，还选修了好几门有意思的课，感觉自己学到了很多有用的知识，做了很多自己感兴趣的事。更值得一提的是我爱上了艺术系的一个女孩儿。我终于可以光明正大地谈恋爱了。

　　虽然这一年我远离父母，生活在一个陌生的城市里，但我感到很充实、很快乐。以前我最喜欢过暑假，可现在我却盼望着暑假快点儿结束。这样我就能早点儿回到学校，见到我心中的"她"了。

（六）语法点注释二 Grammar Notes Ⅱ

1 回想起高三的那些日子，**简直**是不堪回首。

"简直"，副词，强调完全是这样或差不多是这样，带有夸张的语气。例如：

①她画的小狗简直跟真的一样。

②和五年前相比，她简直像变了一个人。

③今天这么热，这哪儿是秋天，简直是夏天。

2 为了准备高考，我连电视都很少看了，**更别提玩儿游戏了**。

"更别提/说……了"，表示和前面的情况相比，后面的事情不用说，结果也很清楚。例如：

①我现在累得走都走不动，更别说跑了。

②你说的那个菜，我连看都没看过，更别提尝过了。

③说到京剧，连很多外国人都知道，更别说中国人了。

3 更**值得一提**的是我爱上了艺术系的一个女孩儿。

"值得一提"，表示值得强调或进一步说明的情况。例如：

①和我们遇到的困难相比，你遇到的这点儿困难根本不值得一提。

②那是一次难忘的旅行，特别值得一提的是他在那次旅行中认识了现在的妻子。

③我去年参加了汉语水平考试，取得了不错的成绩，更值得一提的是我还代表我们班参加了学校的汉语口语比赛。

（七）分步任务活动二　Implement Tasks Step by Step Ⅱ

1　猜猜词义

猜一猜　猜猜下面词语的意思，然后查一查词典看看你猜得对不对。

①不可思议：＿＿＿＿＿＿＿＿＿＿＿＿＿＿

②天壤之别：＿＿＿＿＿＿＿＿＿＿＿＿＿＿

③判若两人：＿＿＿＿＿＿＿＿＿＿＿＿＿＿

④天方夜谭：＿＿＿＿＿＿＿＿＿＿＿＿＿＿

说一说　哪些情况可以用下面的词语，试着说一说。

①……，简直是不堪回首。　　④……，简直是判若两人。

②……，简直是不可思议。　　⑤……，简直是天方夜谭。

③……，简直是天壤之别。

例　回想起高三那些日子，简直是不堪回首。

2　你了解你的同学吗？

调查活动　调查一下班里的同学，并记在下面的表中。

	同学的情况	"……连……都……，更别提……了。"
例	＿玛丽＿的学习生活很紧张。	玛丽连电视都很少看，更别提玩儿游戏了。
1	＿＿＿＿的工作最紧张。	
2	＿＿＿＿不会做中国菜。	
3	＿＿＿＿特别不爱运动。	
4	＿＿＿＿不喜欢唱中国歌。	

你们可以这样说

A：你最近工作紧张吗？　　　　　A：你最近工作紧张吗？

B：是啊。很紧张。　　　　　　　B：还行，不太紧张。

A：平时有休息时间吗？

B：连……都……，更别提……了。

3 过去的一年

两人活动 回忆一下过去一年，你经历过什么重要的事情？

> **你们可以这样说**
>
> A：过去的一年，你过得怎么样？   A：过去的一年，你过得怎么样？
> B：马马虎虎。   B：很紧张、很充实。
> A：有什么特别的经历吗？   A：你都做了些什么？
> B：嗯，唯一值得一提的是……。   B：我……，还……，更值得一提的
> 　　　　　　　　　　　　　　　　　　　　是……。

说一说 介绍你的同学在过去一年的经历。

（八）综合任务活动二 Comprehensive Tasks Ⅱ

1 我的经历

（1）你有没有不堪回首的经历？

☐ 失恋　　　　☐ 生病　　　　☐ 考试失败

☐ 失业　　　　☐ 准备考试　　☐ 其他＿＿＿＿＿＿＿

班级活动 用下面的提示语，说说你的经历。其他同学猜一猜是什么样的经历。

提示语：回想起……，简直是不堪回首，就像……，又……又……。那时候，我……，每天除了……就是……。为了……，我连……都……，更别提……了。那段日子可以说是度日如年。

（2）你有没有值得回忆的经历？

☐ 留学　　　　☐ 旅游　　　　☐ 谈恋爱

☐ 上大学　　　☐ 做兼职　　　☐ 其他＿＿＿＿＿＿＿

班级活动 用下面的提示语，说说你的经历。其他同学猜一猜是什么样的经历。

提示语：由于……，所以，我努力地……，忙着……，忙着……。……上，我除了……以外，还……，感觉自己……。更值得一提的是……，我终于……了。

2 我建议

小组活动 ① 如果你的一个中国朋友高中毕业的成绩不好，不能上大学，你会建议他怎么办？说说你的原因。

□继续学习准备大学的考试 　□上一所私立大学 　□上职业学校

□去国外留学 　□找一份工作 　□办自己的公司 　□去军队

② 每个小组选一个代表，简单记录大家的看法。

同学 ＼ 内容	建议	原因

3 大家的看法一样吗？

班级活动 请每个小组的代表说说你们的建议一样吗。

你可以这样说

建议一样	建议不一样
我们这个小组给这位中国朋友的建议基本一样。我们都认为他应该……，因为……。	我们这个小组给这位中国朋友的建议不太一样。建议他……的最多，有……位，他们认为……。建议……的有……位，他们认为……。还有……位同学认为……。

四 学习后任务 REVIEW TASKS

1 你知道中国有哪些有名的大学吗？

中国有名的大学有： <u>北京大学</u>　　　　　<u>　　　　　</u>

<u>　　　　　</u>　　　　　<u>　　　　　</u>

<u>　　　　　</u>　　　　　<u>　　　　　</u>

<u>　　　　　</u>　　　　　<u>　　　　　</u>

2 调查5位中国人，他们上（过）的大学是哪一所？他们最想上的大学是哪一所？

	上（过）的大学	最想上的大学
1		
2		
3		
4		
5		

3 你知道中国的学生怎样通过高考上大学吗？问问你的中国朋友，准备高考的时候，有哪些值得一提的事？

五 自我评估 SELF-EVALUATION

1 在完成学习后任务的时候，你用了多少刚学过的词语和句子，请画"✓"。

① 我用的生词数量是：

☐ 5～10个　　☐ 10～15个　　☐ 15～20个　　☐ 20个以上

② 我用的句子数量是：

☐ 3～5个　　☐ 5～10个　　☐ 10～15个　　☐ 15个以上

2 选择正确的应答。

① A：你工作忙就别给我们打电话了。　（　　　）
　 B1：放心，工作再忙我也会找时间给你们打电话。
　 B2：放心，工作虽然忙我会找时间给你们打电话。

② A：前几天，我有事回国了。　（　　　）
　 B1：奇怪上课的时候没看见你。
　 B2：难怪上课的时候没看见你。

③ A：我每天记50个生词，你呢？　（　　　）
　 B1：我每天才能记60个生词。
　 B2：我每天才能记30个生词。

④ A：十年了，他的变化真大！　（　　　）
　 B1：是啊，我简直不认识他了。
　 B2：是啊，简直我不认识他了。

⑤ A：你会做中国菜吗？　（　　　）
　 B1：中国菜我连吃都很少吃，更别提做了。
　 B2：中国菜我连做都很少做，更别提吃了。

⑥ A：听说你在上学的时候，帮助了很多有困难的同学。　（　　　）
　 B1：那都是些不值得一提的小事。
　 B2：那都是些值得一提的小事。

3 答一答。

① 你现在知道几所中国的大学？　（　　　）
　 A. 5所　　　　　　B. 5所以下　　　　　C. 5所以上

② 你现在可以用汉语介绍中国的高考吗？　（　　　）
　 A. 可以　　　　　B. 不可以

③ 你是不是用汉语介绍了你的一些特殊经历？　（　　　）
　 A. 是　　　　　　B. 否

④ 你是不是了解了别的同学的一些特殊经历？　（　　　）
　 A. 是　　　　　　B. 否

4 关于中国的中考、高考，你现在了解到哪些新的信息？

① _____

② _____

③ _____

第十一单元
Unit 11

现代生活
Modern Life

话题 **Topic**	现代生活
任务目标 **Instructional Objectives**	能谈论自己对现代生活的理解以及对高科技产品的看法
重点词语 **Key Words**	下载、软件、无聊、功能、及时、信用、富裕、追求、科技、厌烦
重点语句 **Key Sentences**	1. 那部手机已经落伍了，这是苹果公司上个月刚刚上市的最新款手机。 2. 你看这款手机外观简洁大方，屏幕也很大。最重要的是它的运行速度快，用起来很爽。 3. 电脑可以用来写文章、上网购物、和好友聊天等等。 4. 科技产品在我们的生活中无处不在，而且正在改变着我们的生活。
语法点 **Grammar Points**	1. ……起来　　　　4. 拿……来说 2. 只要……就……　5. 甚至 3. 否则　　　　　　6. 用来

导入　WARM-UP

1. 你知道这些牌子的中文名吗?

☐ 诺基亚（Nuòjīyà）

☐ 索尼爱立信（Suǒní Àilìxìn）

☐ 摩托罗拉（Mótuōluólā）

☐ 联想（Liánxiǎng）

☐ 三星（Sānxīng）

2. 你还知道哪些牌子的手机?

头脑风暴 BRAINSTORM

1. 除了"手机"，你还能说出哪些电子产品?

▶ ___手机___　　　▶ _____　　　▶ _____

▶ _____　　　▶ _____　　　▶ _____

2. 和上网有关的词还有哪些?

▶ 电子邮件　　　▶ _____　　　▶ _____

▶ _____　　　▶ _____　　　▶ _____

二 生词总动员 WORD POWER

生词大盘点 VOCABULARY LIST

1	下载	xiàzài	动	to download
2	软件	ruǎnjiàn	名	software
3	落伍	luò wǔ		outdated, falling behind
4	无聊	wúliáo	形	bored
5	功能	gōngnéng	名	function
6	简洁	jiǎnjié	形	simple and neat, concise
7	大方	dàfang	形	natural and poised
8	运行	yùnxíng	动	to run, to be in operation
9	爽	shuǎng	形	(feeling) great
10	啃	kěn	动	to gnaw
11	及时	jíshí	副/形	in time; timely
12	罚息	fá xī		to impose punitive interest
13	信用	xìnyòng	名	credit
14	日新月异	rì xīn yuè yì		rapidly changing
15	富裕	fùyù	形	rich, wealthy
16	追求	zhuīqiú	动	to pursue
17	科技	kējì	名	science and technology
18	通讯	tōngxùn	动	to communicate
19	固定	gùdìng	形	fixed
20	奢侈	shēchǐ	形	luxurious
21	必不可少	bì bù kě shǎo		indispensable
22	置身	zhìshēn	动	to place oneself, to stay
23	厌烦	yànfán	动	to be bored with
24	清闲	qīngxián	形	leisurely

三 任务及活动 TASKS AND ACTIVITIES

166

（一）任务示范一 Task Demonstration Ⅰ

故事场景　午休时，李伟和夏红在公司休息室聊天。

李　伟：夏红姐，我刚往手机里下载了一个好
　　　　玩儿的软件，可以给人们的长相打
　　　　分。你试试？

夏　红：算了吧，我这个年龄已经不在乎自己
　　　　长得怎么样了。欸，你又换手机啦？
　　　　你以前的手机不是挺好的吗？

李　伟：那部手机已经落伍了，这是苹果公司
　　　　上个月刚刚上市的最新款手机。

夏　红：手机能打电话、发短信不就行了吗？
　　　　买这么贵的有什么用呀？

李　伟：谁说没用啊？除了打电话，还可以随时上网、看电影、听音乐
　　　　什么的。我每天下班的路上要一个多钟头呢，在地铁上，掏出
　　　　来玩儿玩儿游戏，就不觉得无聊了。

夏　红：上一天班就够累的了，要是我，可没有精神再玩儿游戏了。

李　伟：对我来说，玩儿游戏也是一种休息的方式。

夏　红：你原来的手机不是也有这些功能吗？

李　伟：那不一样。你看这款手机外观简洁大方，屏幕也很大。最重要
　　　　的是它的运行速度快，用起来很爽。

夏　红：我明白了，喜欢就是买的理由。

李　伟：没错。我前几天还买了一个数码相机。

夏　红：你真是个不折不扣的数码迷。你这个"月光族"，又向父母要
　　　　钱了吧？

李　伟：没有，我虽然是个"月光族"，但不是"啃老族"。我办了两张信用卡。只要刷卡消费，问题就解决了。

夏　红：信用卡是挺方便的，不过，它的"游戏规则"你可不能马虎，借银行的钱一定要及时还上，否则罚息可重了。

李　伟：我知道。信用卡这东西，对讲信用的人来说是"馅饼"，对不讲信用的人来说则是"陷阱"。

夏　红：知道就好。

李　伟：对了，我把咱们上次郊游时拍的照片发到你的邮箱里了，有时间，查一下吧。

夏　红：好，谢谢！

（二）语法点注释一 Grammar Notes Ⅰ

1 最重要的是它的运行速度快，**用起来**很爽。

"……起来"，做插入语或句子前一部分，有估计或着眼于某一方面的意思。例如：

①算起来，我来中国已经三年了。

②这篇文章读起来很有意思。

③他说起话来，很像领导的样子。

2 **只要**刷卡消费，问题**就**解决了。

"只要……就……"，表示具备某种条件就能引起某种结果。例如：

①你的感冒不严重，只要好好休息几天就能好。

②只要他到北京，就一定会来找我。

③只要我请他帮忙，他不会不答应。

3 借银行的钱一定要及时还上，**否则**罚息可重了。

"否则"，意思是如果不这样。用在后一小句的开头，表示从前一句推出的结果。例如：

①去广州的飞机票得早点儿买，否则就没有了。

②他一定有急事找你，否则不会给你打好几个电话。

③我今天一定要记住这些生词，否则我就不睡觉。

（三）分步任务活动一　Implement Tasks Step by Step Ⅰ

1 我的手机的功能

> 说一说　你的手机功能怎么样？

我的手机＿＿＿＿＿＿＿＿＿＿＿＿　看起来＿＿＿＿＿＿＿＿＿＿＿＿

我的手机＿＿＿＿＿＿＿＿＿＿＿＿　听起音乐来＿＿＿＿＿＿＿＿＿＿

我的手机＿＿＿＿＿＿＿＿＿＿＿＿　打起游戏来＿＿＿＿＿＿＿＿＿＿

我的手机＿＿＿＿＿＿＿＿＿＿＿＿　拍起照来＿＿＿＿＿＿＿＿＿＿＿

我的手机＿＿＿＿＿＿＿＿＿＿＿＿　上起网来＿＿＿＿＿＿＿＿＿＿＿

> **例** 李伟的手机运行速度很快，用起来很爽。

> 两人活动　和同学一起完成对话。

你们可以这样说

A：看看我的这款手机怎么样？

B：外观……，屏幕……。看起来……。有什么功能？

A：能……。听起音乐来……。

B：能上网打游戏吗？运行速度怎么样？

A：运行速度……，打起游戏来……。

2 电子产品带来的变化

说一说　用"只要……就……"说一说电子产品给我们的生活带来的变化。

	以前	现在
例	没钱的时候得向父母要钱	只要刷卡消费，问题就解决了。
1	跟朋友联系只能写信	
2	买东西要去商场	
3	看电影只能去电影院	
4	打国际电话常常用电话机	
5		
6		

两人活动　根据上表的内容，和同学一起完成对话。

你们可以这样说

A：以前，如果……，……。
B：现在，方便多了。只要……就……。
A：是啊，……也方便了。只要……就……。

班级活动　听听其他同学的对话，他们还说到哪些变化？记在下面的表中。

	以前	现在
1		
2		
3		
4		
5		

3 用信用卡应该注意什么？

（说一说）用信用卡应该注意什么。（注意使用"否则……"）

a.信用卡应该有密码吗？ _____

b.办很多张信用卡好吗？ _____

c.不及时还信用卡的钱好吗？ _____

d.不记信用卡卡号好吗？ _____

（小组活动）除了上面说到的，还有哪些事情需要注意？看谁说得多。

_____说，还应该注意_____，否则_____。

_____说，还应该注意_____，否则_____。

_____说，还应该注意_____，否则_____。

_____说，还应该注意_____，否则_____。

_____说，还应该注意_____，否则_____。

（四）综合任务活动一 Comprehensive Tasks Ⅰ

1 手机的功能多，好不好？

（说一说）手机的功能多，好不好？为什么？

	手机的功能多，好。	手机的功能多，不好。
理由一		
理由二		
理由三		

2 我不同意你的看法

（两人活动）根据上面的问题，找一个看法不同的同学一起练习，试着说服对方。
（练习之前，先从课文里找出你可能会用到的句子，写在下面。）

a. _____

b. _____

c. _____

d. _____

3 你们的看法一样吗？

（说一说）① 和同学练习以后，你会改变原来的看法吗？为什么？

② 你的同学用了哪些刚学过的句子？把你没有用到的写下来。

a. _____

b. _____

c. _____

d. _____

（五）任务示范二 Task Demonstration Ⅱ

日新月异的生活

　　随着社会的发展，老百姓的生活越来越富裕。追求舒适、方便的生活成为大家的共同理想。高科技似乎帮助我们实现了这个理想，它使我们的生活日新月异。

　　就拿通讯方式来说吧，在没有电话的年代，我们只能写信或发电报与朋友联系，一封信往往要在一两天以后，甚至一个多星期后才能送到收信人的手中。如今，别说固定电话了，就是手机也从以前百姓眼中的"奢侈品"变成了生活中的"必需品"。对很多人来说，电脑似乎也是必不可少的。他们觉得家里可以没有电视，但不能没有电脑。电脑可以用来写文章、上网购物、和好友聊天等等。人们的工作、学习和生活似乎都离不开电脑。除了手机、电脑以外，我们在生活中还享用着很多科技产品。比如，很多人在家里用着空调、微波炉、电饭锅等家用电器，出门在外随身带

着MP3，路上开车时用GPS为自己导航。到了办公室，又会置身于电脑、打印机、传真机、复印机的世界里。可以说，科技产品在我们的生活中无处不在，而且正在改变着我们的生活，但是你有没有厌烦它们的时候呢？一个年轻白领曾经说："真希望可以远离这些科技产品，放下手机、离开电脑生活一段时间，没有这些科技产品的打扰才可以真正地享受一下清闲的生活。"

（六）语法点注释二 Grammar Notes Ⅱ

1 **就拿通讯方式来说**吧，在没有电话的年代，……

"拿……来说"，在说明某种情况以后，举出个别的例子或者从某一个方面来进一步说明。例如：

①这本书对我来说太难了，就拿第一篇课文来说，有一半的汉字我都不认识。

②现在的电脑越来越轻了，拿这款电脑来说，它的重量只有1.5磅。

③那儿的水果都比较便宜，拿草莓来说吧，在那儿只要6块钱一斤。

2 一封信往往要在一两天后，**甚至**一个多星期以后才能送到收信人的手中。

"甚至"，提出同类情况中更突出的事例来说明情况。例如：

①在这儿，不但老人，甚至六七岁的孩子也知道这首歌。

②最近他常常在公司加班，有时候甚至到半夜一两点。

③他现在喜欢网购，吃的、喝的都从网上买，甚至家具也从网上买。

3 电脑可以**用来**写文章、上网购物、和好友聊天等等。

"用来"，表示前面事物的用途，后面用动词。例如：

①竹子不但可以用来做各种家具，还可以用来做乐器。

②他把打工挣的钱用来到世界各地旅游。

③信用卡是用来消费的，不是用来存钱的。

（七）分步任务活动二 Implement Tasks Step by Step Ⅱ

1 有时候，科技产品也让我们觉得厌烦

说一说 有时候，科技产品也让你觉得厌烦吗？

提示语：有时候，科技产品也让我觉得厌烦，就拿……来说吧，……。

□手机	□电脑	□空调	□微波炉
□录音笔	□电子书	□数码相机	□电子词典
□MP3	□MP4	□GPS	□其他_____

小组活动 听听其他同学的看法，把不一样的看法记下来。

	高科技产品	厌烦的地方
1		
2		
3		
4		
5		

2 科技产品带来的好处

说一说：科技产品带来的好处。

例 在没有电话的年代，人们只能写信或发电报与朋友联系，一封信往往要在一两天以后，甚至一个多星期后才能送到收信人的手中。

如今，有了手机，人们只要按一下手机，就可以和国内的朋友，甚至国外的朋友联系。

☐ 手机　　　☐ 电脑　　　☐ 空调　　　☐ 微波炉

☐ 录音笔　　☐ 电子书　　☐ 数码相机　☐ 电子词典

☐ MP3　　　☐ MP4　　　☐ GPS　　　☐ 其他＿＿＿＿＿

两人活动：和同学一起完成对话。

你们可以这样说

A：科技产品给我们的日常生活带来了极大的方便和享受。

B：是啊。就拿……来说吧，在没有……的年代，人们只能……，……，甚至……。

A：如今，只要……就……。

B：有了……，人们可以……，甚至可以……。

3 我想发明的科技产品

小组活动：用下面的提示语说说你们想发明什么样的科技产品，并记在下面的表中。

提示语：我要为……发明一种高科技产品，它可以用来……。

	男人喜欢的高科技产品	女人喜欢的高科技产品	孩子喜欢的高科技产品	老师喜欢的高科技产品	喜欢的高科技产品
我					
我的同学					

（八）综合任务活动二　Comprehensive Tasks Ⅱ

1　30年后的高科技生活

（小组活动）：想象一下，30年后，人们还会享用到什么样的高科技产品。

	必不可少的产品	家里用的	出门在外用的	办公室用的
1				
2				
3				

2　大家的想法一样吗？

（班级活动）每个小组选一个代表，用下面的提示语总结一下。

提示语：对30年后的人来说，……是必不可少的。……可以用来……、……。人们的工作、学习和生活似乎都离不开……。除此之外，人们在生活中还享用着很多高科技产品。比如，很多人在家里用着……，出门在外随身带着……，路上开车时用……。到了办公室，又会置身于……、……的世界里。

四 学习后任务　REVIEW TASKS

1　你知道哪些有名的中国科技产品的牌子？

中国科技产品的牌子有：___联想___　　_____

　　　　　　　　　_____　　_____

2 调查5位中国人，他们喜欢的科技产品的牌子。

	中国科技产品的牌子	外国科技产品的牌子
1		
2		
3		
4		
5		

五 自我评估　SELF-EVALUATION

1 在完成学习后任务的时候，你用了多少刚学过的词语和句子，请画"√"。

① 我用的生词数量是：

☐5～10个　　☐10～15个　　☐15～20个　　☐20个以上

② 我用的句子数量是：

☐3～5个　　☐5～10个　　☐10～15个　　☐15个以上

2 选择正确的应答。

① A：你的电脑运行速度怎么样？　　（　　　）

B1：运行速度很快，用来很爽。

B2：运行速度很快，用起来很爽。

② A：我在哪儿能买到这本书？　　（　　　）

B1：网上就有啊，你只能在网上订购就可以了。

B2：网上就有啊，你只要在网上订购就可以了。

③ A：除了几件衣服以外，这次出差还要带什么？　（　　　）
B1：带上手机充电器吧，否则手机没电就麻烦了。
B2：如果不带手机充电器，否则手机没电就麻烦了。

④ A：网络给我们的生活带来了极大的方便。　（　　　）
B1：是啊，就拿网络来说吧，现在只要上网就能足不出户买到东西。
B2：是啊，就拿购物来说吧，现在只要上网就能足不出户买到东西。

⑤ A：现在打电话越来越方便了。　（　　　）
B1：是啊，现在打电话不但能听见声音，至于能看见样子。
B2：是啊，现在打电话不但能听见声音，甚至能看见样子。

⑥ A：什么是GPS？　（　　　）
B1：GPS就是开车的时候用来为司机导航的。
B2：GPS就是开车的时候用司机来导航的。

3 答一答。

① 你现在知道几种中国科技产品的牌子？　（　　　）
　A.4种　　　　　　　B.4种以下　　　　　　C.4种以上

② 你现在可以用汉语介绍自己的手机吗？　（　　　）
　A.可以　　　　　　B.不可以

③ 你能用汉语介绍将来的科技生活吗？　（　　　）
　A.能　　　　　　　B.不能

④ 大家对科技产品的看法，你是不是更了解了？　（　　　）
　A.是　　　　　　　B.否

4 关于中国人的现代生活，你现在了解到哪些新的信息？

①　_____

②　_____

③　_____

第十二单元
Unit 12

健康
Health

话题 Topic	健康
任务目标 Instructional Objectives	能就"如何保持身体健康"的问题发表自己的见解，并能叙述自己或他人的健康计划
重点词语 Key Words	丢三落四、典型、实在、擅长、环保、强迫、做主、体会、预防
重点语句 Key Sentences	1. 这是典型的亚健康状态，光靠喝茶可不行，你得锻炼身体。 2. 我每周去三次健身房，周末不是打球就是游泳，以前失眠的老毛病也没有了。 3. 说实在的，我从小就没有运动天分，所以最头疼的就是运动。 4. 对于整天坐办公室、工作压力又很大的人来说，适当地进行身体锻炼是很有好处的。
语法点 Grammar Points	1. 话是这么说 4. 实在 2. 说实在的 5. 此外 3. ……总可以吧 6. 比起……（来）

导入　WARM-UP

1. 你的饮食健康吗？

　□ 健康　　　　　□ 一般　　　　　□ 不太健康

2. 你经常运动吗？

　□ 经常　　　　　□ 一般　　　　　□ 不经常

3. 你多长时间检查一次身体？

　□ 每年检查一次　　□ 两三年检查一次　　□ 很多年没检查过

4. 你觉得自己的身体健康吗？

　□ 健康　　　　　□ 亚健康　　　　　□ 疾病

健康15%　　　　　　亚健康70%　　　　　　疾病15%

头脑风暴　BRAINSTORM

1. 你知道哪些和运动有关的词？

▶ ___跑步___　　　▶ _____　　　▶ _____

▶ _____　　　▶ _____　　　▶ _____

2. 你知道哪些和健康有关的词？

▶ ___感冒___　　　▶ _____　　　▶ _____

▶ _____　　　▶ _____　　　▶ _____

生词总动员 **WORD POWER**

生词大盘点 VOCABULARY LIST

1	养生	yǎngshēng	动	to keep in good health
2	枣	zǎo	名	jujube
3	丢三落四	diū sān là sì		forgetful
4	典型	diǎnxíng	形	typical
5	做操	zuò cāo		to do gymnastics
6	实在	shízài	形/副	honest; really
7	天分	tiānfèn	名	talent
8	擅长	shàncháng	动	to be good at, to be expert in
9	环保	huánbǎo	形/名	environment-friendly; environmental protection
10	一举两得	yì jǔ liǎng dé		to kill two birds with one stone
11	懒惰	lǎnduò	形	lazy
12	强迫	qiǎngpò	动	to force, to compel
13	积劳成疾	jī láo chéng jí		to fall sick from overwork
14	做主	zuò zhǔ		to decide, to have the final say
15	列入	lièrù	动	to list or include in
16	体会	tǐhuì	动/名	to realize, to know from experience; understanding
17	预防	yùfáng	动	to prevent
18	增进	zēngjìn	动	to improve
19	制定	zhìdìng	动	to work out, to draw up
20	目标	mùbiāo	名	target, goal, objective
21	报名	bào míng		to sign, to register
22	俱乐部	jùlèbù	名	club
23	充沛	chōngpèi	形	full of

三 任务及活动　TASKS AND ACTIVITIES

（一）任务示范一 Task Demonstration Ⅰ

故事场景　　　夏红在公司的茶水间遇到李伟。

李　伟：呦，夏红姐，你泡的是什么茶呀？这么漂亮？

夏　红：这是我的养生茶，里边有大枣和玫瑰花什么的。

李　伟：难怪你跟花儿一样漂亮啊！

夏　红：你别开玩笑了，我也是刚开始喝这种茶。因为最近总感觉精力不足，做事情经常丢三落四的，所以一个朋友建议我喝这种茶。

李　伟：这是典型的亚健康状态，光靠喝茶可不行，你得锻炼身体。我就是一个很好的例子。我每周去三次健身房，周末不是打球就是游泳，以前失眠的老毛病也没有了。

夏　红：话是这么说，可我一下班就得回家做饭，哪儿有时间去运动呀？

李　伟：其实你要想运动，机会多的是。比如，每天上午10点大家下楼做操的时候，你就应该放下手头的工作，跟大家一起出去活动活动。

夏　红：说实在的，我从小就没有运动天分，所以最头疼的就是运动。

李　伟：不是有这么一句话吗？"生命在于运动。"你要是不擅长运动，走路总可以吧，你家离公司不算太远，用步行代替开车，既环保，又锻炼身体，这不是一举两得吗？

夏　红：可现在是夏天，我走到公司的时候肯定是一身汗了，还怎么工作呀？

李　伟：我看这是你为自己的懒惰找的借口。我的健身教练说：每天只要抽出半个小时左右的时间，就可以锻炼身体。你赶快为自己办个健身卡吧，这样可以强迫自己坚持锻炼，要是等到你积劳成疾的时候，后悔就晚了。

夏　红：我还是先喝这茶试试，健身的事以后再说吧。

（二）语法点注释一　Grammar Notes　Ⅰ

1 **话是这么说**，可我一下班就得回家做饭，哪儿有时间去运动呀？

"话是这么说"，表示"虽然这种说法没有错"的意思，后面常有"可是、但是、可、还是"等表示转折的词。例如：

①A：我每天应该记30个生词。

　B：话是这么说，但是你上午上课，下午工作，哪有时间记这么多生词啊？

②A：结婚是我们两个人的事，跟别人没关系。

　B：话是这么说，可父母也不是别人啊，你应该跟他们商量商量。

2 **说实在的**，我从小就没有运动天分，所以最头疼的就是运动。

"说实在的"，表示后面说的情况是真实的，常带有强调或转折的意思。例如：

①A：你对上海好像很熟悉。

　B：说实在的，我从来没去过上海，只是看电视知道一些。

②A：你的汉语说得真好！

　B：说实在的，我只会说一些生活中常用的句子，还有很多不会呢。

③说实在的，刚来中国时，我一句汉语也不会说。

3 你要是不擅长运动，走路总可以吧。

"……总可以吧"，表示前面的情况不行，但退一步应该可以。例如：

①你不让我出去玩儿，在家上网总可以吧。

②医生说不能多喝酒，喝一杯两杯总可以吧。

③骑车太累，打的又太贵，坐公共汽车总可以吧。

184

（三）分步任务活动一　Implement Tasks Step by Step Ⅰ

1 话是这么说，……

两人活动　你不同意对方说的，用"话是这么说"表达你的看法。

	A的看法	B的看法
例	要想运动，机会多的是。	话是这么说，可我从小就没有运动天分，什么运动都不会。
1	用步行代替开车，既环保，又锻炼身体。	话是这么说，……。
2	每天抽出半个小时左右的时间，就可以锻炼身体。	话是这么说，……。
	B的看法	**A的看法**
3	现在，亚健康的人多的是，这不算是什么病。	话是这么说，……。
4	感冒发烧不算什么病，休息一两天就好了。	话是这么说，……。

2　我们的运动习惯

(小组活动)　说说你的运动习惯。

☐ 我喜欢的运动很多，但有些运动不喜欢。说实在的＿＿＿＿＿＿＿。

☐ 我觉得运动对身体有好处，但不经常运动。说实在的＿＿＿＿＿＿。

☐ 我以前经常运动，现在不经常运动。说实在的＿＿＿＿＿＿＿。

☐ 我以前喜欢运动，现在不喜欢运动。说实在的＿＿＿＿＿＿＿。

☐ 我以前从来不运动，现在经常运动。说实在的＿＿＿＿＿＿＿。

☐ 我以前＿＿＿＿＿＿，现在＿＿＿＿＿＿。说实在的＿＿＿＿＿＿。

例　运动对身体有好处，但我最头疼的就是运动。说实在的，我从小就没有运动天分。

(说一说)　同学们的运动习惯一样吗？

＿＿＿＿喜欢的运动很多，但有些运动不喜欢。因为＿＿＿＿＿＿＿。

＿＿＿＿觉得运动对身体有好处，但不经常运动。因为＿＿＿＿＿＿。

＿＿＿＿以前经常运动，现在不经常运动。因为＿＿＿＿＿＿＿。

＿＿＿＿以前喜欢运动，现在不喜欢运动。因为＿＿＿＿＿＿＿。

＿＿＿＿以前从来不运动，现在经常运动。因为＿＿＿＿＿＿＿。

＿＿＿＿以前＿＿＿＿＿，现在＿＿＿＿＿＿。因为＿＿＿＿＿＿。

3　我很想运动，可是……

(两人活动)　如果你想运动，但是有下面的困难，怎么办？

a. 工作太忙，没有时间

b. 没有运动天分

c. 没有运动的地方

d. 没有一起运动的朋友

e. 其他困难＿＿＿＿＿＿＿＿＿＿＿＿＿＿＿＿＿＿＿

你们可以这样说

A：我很想运动，可是……，怎么办呢？

B：你可以……。

A：说实在的，……。

B：你要是……，……总可以吧。……既……，又……，不是一举两得吗？

A：这是个好主意。

小组活动　听听其他同学的对话，记下你觉得有意思的办法。

	困难	办法
1	不擅长运动	走路
2	没有运动的时间	
3	没有运动天分	
4	没有运动的地方	
5	没有一起运动的朋友	
6	其他：＿＿＿＿＿＿	

（四）综合任务活动一　Comprehensive Tasks Ⅰ

1 我喜欢的运动和不喜欢的运动

说一说　你喜欢的运动和不喜欢的运动，并说明原因。

①你最喜欢的运动是什么，为什么？

☐ 打球　　☐ 游泳　　☐ 散步　　☐ 跑步　　☐ 爬山

②你最不喜欢的运动是什么，为什么？

☐ 打球　　☐ 游泳　　☐ 散步　　☐ 跑步　　☐ 爬山

	我最喜欢的运动是	我最不喜欢的运动是
原因一		
原因二		
原因三		

2　我不同意你的看法

（两人活动）　根据上面的问题，找一个看法不同的同学，一起练习，试着说服对方。
（练习之前，先从课文里找出你可能会用到的句子，写在下面。）

a. _____

b. _____

c. _____

d. _____

e. _____

f. _____

3　你会改变看法吗？

（说一说）　① 和同学练习以后，你会改变原来的看法吗？为什么？

② 你的同学用了哪些刚学过的句子？把你没有用到的写下来。

a. _____

b. _____

c. _____

d. _____

e. _____

f. _____

（五）任务示范二 Task Demonstration Ⅱ

我的健康我做主

很多人会给自己定个学习计划、工作计划什么的，还有一些人会把挣钱、旅游、结婚、生儿育女列入自己的计划。而我去年生了一场病，那时候才真正体会到健康的重要。大夫告诉我，坚持体育活动，可以预防疾病、增进健康。对于整天坐办公室、工作压力又很大的人来说，适当地进行身体锻炼是很有好处的。于是我给自己制定了一个运动计划。

许多女士运动是为了减肥，很多孩子运动是为了快乐，而我运动的目的是为了强身健体。由于平时工作实在太忙，我只能给自己定一个比较容易实现的目标：每天早起早睡，按时吃饭，晚上出去快走半个小时或跑走交替半个小时。为了能坚持下去，我养了一只小狗，这样我就必须按时带它出去散步，顺便也可以锻炼身体。此外，我还报名参加了一个登山俱乐部，周末休息的时候去爬爬山，呼吸一下儿郊外的新鲜空气。

这个计划我已经坚持半年了，现在不但身体感觉很舒服，而且精力充沛，比起年年为自己买健康保险的同事小刘来，这才是"我的健康我做主"。

（六）语法点注释二 Grammar Notes Ⅱ

1 由于平时工作实在太忙，我只能给自己定一个比较容易实现的目标……

"实在"，副词，强调事情的真实性。例如：

①你说的这件事，我实在不知道。

②不能批评孩子，这实在不是孩子的错。

③你能来帮忙，实在太好了。

2 此外，我还报名参加了一个登山俱乐部。

"此外"，表示"除了前面说的以外还有其他的"，用来补充说明情况。例如：

①他会说英语和汉语，此外还会说一点儿西班牙语。

②这次来北京主要是为了学习汉语，此外，也想看看名胜古迹。

③上班的时候用步行代替开车，既环保，又锻炼身体，此外，还省钱。

3 比起年年为自己买健康保险的同事小刘来，这才是"我的健康我做主。"

"比起……（来）"，意思是"和……比"。常用在口语里。例如：

①比起市区，这里的房子真便宜。

②他个子挺高的，可是比起他哥哥来，他不算高。

③比起那些不能上学的孩子，我们多幸福啊！

（七）分步任务活动二　Implement Tasks Step by Step Ⅱ

1 我对运动项目的看法

说一说　说说你对下面一些运动项目的看法。

☐足球　　☐篮球　　☐台球　　☐网球

☐棒球　　☐保龄球　☐乒乓球　☐羽毛球

☐瑜伽　　☐跑步　　☐散步　　☐游泳　　☐其他＿＿＿＿＿

a.＿＿＿＿＿＿＿＿实在太有意思了。

b.＿＿＿＿＿＿＿＿实在是没意思。

c.＿＿＿＿＿＿＿＿实在是最好的锻炼方法。

d.＿＿＿＿＿＿＿＿实在太花时间。

e.＿＿＿＿＿＿＿＿实在太花钱。

f.＿＿＿＿＿＿＿＿实在太累了。

小组活动 大家的看法一样吗？用下面的提示语总结一下。

你们可以这样说

一样的看法	不一样的看法
大家都认为……实在……。	有的认为……实在……，有的则认为……实在……。

2 我锻炼身体的方法

说一说 课文里的"我"怎么锻炼身体。

锻炼时间	锻炼方法
每天	早起早睡、按时吃饭
晚上	快走、跑走交替、按时、散步
周末	参加、爬爬山

小组活动 根据提示语，说说自己锻炼身体的方法。别的同学和你一样吗？请记下来。

提示语：我每天……，……。晚上出去……。为了能……，我……，这样我就……，顺便也可以……。此外，我还……，周末休息的时候去……，……。

锻炼时间	锻炼方法		
	我	同学1	同学2
每天			
晚上			
周末			

3 我一周的安排

小组活动 说说自己一周的工作或学习安排。

提示语：我每天……，……。晚上……。为了能……，我……，这样我就……，顺便也可以……。此外，我还……，周末的时候……，……。

说一说 比起别的同学来，你的工作或学习安排怎么样？

提示语：_____每天……，……。晚上……。为了能……，他/她……，这样他/她就……，顺便也就……。此外，他/她还……，周末的时候……，……。比起……来，我一周的工作/学习_____（不太忙、挺忙的、挺轻松的、一点儿也不轻松）。

（八）综合任务活动二 Comprehensive Tasks II

1 "我"的运动计划

说一说 根据下面的提示，介绍课文中"我"的运动计划。

	"我"的运动计划	提示
1	"我"为自己制定了什么计划？	很多人会给自己定个……什么的，还有一些人会把……列入自己的计划。而我……。于是我给自己制定了一个运动计划。
2	制定这个计划的目的是什么？	许多女士运动是为了……，很多孩子运动是为了……，而我运动的目的是……。由于……，我只能给自己定一个……的目标：每天……，……。晚上出去……。此外，我还……。
3	这个计划，"我"坚持得怎么样？	这个计划我已经……了，现在不但……，而且……，比起……来，我这才是"我的健康我做主"。

2 我制定的计划

小组活动 用下面的提示语介绍一个你制定的计划。

我的_____计划		提示
1	我为自己制定了什么计划？	很多人会给自己定个……什么的，还有一些人会把……列入自己的计划。而我……。于是我给自己制定了一个……计划。
2	制定这个计划的目的是什么？	许多……是为了……，很多……是为了……，而我……的目的是……。由于……，我只能给自己定一个……的目标：每天……，……。晚上……。此外，我还……。
3	这个计划，我坚持得怎么样？	这个计划我已经……了，现在不但……，而且……，比起……来，我……。

四 学习后任务 REVIEW TASKS

1 你知道哪些中国传统的运动项目？

中国传统的运动项目有： ___武术___   _____

_____   _____

2 调查5位中国人的运动习惯。

	性别	年龄	喜欢的运动	不喜欢的运动	每个星期做几次运动
1					
2					
3					
4					
5					

五　自我评估　SELF-EVALUATION

1 在完成学习后任务的时候，你用了多少刚学过的词语和句子，请画"√"。

① 我用的生词数量是：

☐ 5～10个　　☐ 10～15个　　☐ 15～20个　　☐ 20个以上

② 我用的句子数量是：

☐ 3～5个　　☐ 5～10个　　☐ 10～15个　　☐ 15个以上

2 选择正确的应答。

① A：俗话说，早餐要吃好，午餐要吃饱。　　（　　）

　B1：可是早上我哪儿有时间吃早餐啊？中午也只是吃一个汉堡包。话是这么说。

　B2：话是这么说，可是早上我哪儿有时间吃早餐啊？中午也只是吃一个汉堡包。

② A：你看过这个电影明星演的电影吗？　　（　　）

　B1：看过几部。说实在的，我觉得她的表演一般。

　B2：看过几部。说其实的，我觉得她的表演一般。

③ A：这种质量的T恤卖50块钱，太贵了。便宜点儿吧。　　（　　）

　B1：40块总可以吧，最低价了。

　B2：总可以40块吧，最低价了。

④ A：我觉得食堂的饭菜挺好吃的，你为什么不爱吃呢？　　（　　）

　B1：可是天天都是那些菜，实在没胃口，今天我们出去吃吧。

　B2：可是天天实在都是那些菜，没胃口，今天我们出去吃吧。

⑤ A：大夫，吃了这些药我的病就能好吗？　　（　　）

　B1：你要按时吃药，还要多喝水，此外，得注意多休息。

　B2：此外，你要按时吃药，还要多喝水，得注意多休息。

⑥ A：尝尝我自己做的比萨。　　（　　）

　B1：味道真不错，比起来外面卖一百多的比萨，自己做的又好吃又便宜。

　B2：味道真不错，比起外面卖一百多的比萨来，自己做的又好吃又便宜。

3 答一答。

① 你现在知道几个中国传统的运动项目？　（　　　）

　　A. 4个　　　　　　　B. 4个以下　　　　　　C. 4个以上

② 你现在可以用汉语介绍自己的运动习惯吗？　（　　　）

　　A. 可以　　　　　　B. 不可以

③ 大家对运动的看法，你更了解了吗？　（　　　）

　　A. 是　　　　B. 否

④ 你能用汉语介绍自己的一个计划吗？　（　　　）

　　A. 能　　　　B. 不能

4 关于中国人的运动习惯，你现在了解到哪些新的信息？

① _____

② _____

③ _____

第十三单元
Unit 13

中国年
Chinese New Year

话题 Topic	中国年
任务目标 Instructional Objectives	能介绍中国的年俗，并比较自己国家与中国年俗的差异
重点词语 Key Words	实惠、营养、显得、吉利、幸亏、邀请、布置、象征、长辈、陆续
重点语句 Key Sentences	1. 我去朋友家总得带些礼物吧？ 2. 幸亏今天向你请教了中国人送礼的习俗，要不然，我很可能把梨当做礼物 　 送给朋友的父母呢。 3. 我想即使你送了梨，朋友也不会怪你的，不知者不怪嘛。 4. 刘洋说，鱼是最重要的一道菜，因为鱼是富裕的象征。
语法点 Grammar Points	1. 幸亏　　　　　　　　4. 有幸 2.（要）不然　　　　　5. 正好 3. 即使……也……　　　6. 要么……要么……

导入　WARM-UP

1. 看到这些图片，你能想到什么节日？

_____节　　　　_____节　　　　_____节　　　　_____节

2. 在这些节日，人们要做些什么？

 头脑风暴　BRAINSTORM

1. 你学过哪些表示节日的词？

▶ __春节__　　　▶ _____　　　▶ _____

▶ _____　　　▶ _____　　　▶ _____

2. 节日的时候，常常做什么？

▶ __回家__　　　▶ _____　　　▶ _____

▶ _____　　　▶ _____　　　▶ _____

生词总动员   WORD POWER

生词大盘点   VOCABULARY LIST

1	实惠	shíhuì	形	practical, substantial
2	营养	yíngyǎng	名	nutrition
3	显得	xiǎnde	动	to appear, to seem
4	鹅毛	émáo	名	goose feather
5	情意	qíngyì	名	affection
6	吉利	jílì	形	auspicious, propitious
7	吉祥	jíxiáng	形	auspicious, propitious
8	送终	sòng zhōng		to bury a parent or elder relative
9	幸亏	xìngkuī	副	fortunately, luckily
10	即使……也……	jíshǐ……yě……		even if, even though
11	邀请	yāoqǐng	动	to invite
12	布置	bùzhì	动	to decorate, to lay out
13	喜气洋洋	xǐqì yángyáng		to be bursting with happiness
14	俱全	jùquán	形	complete in all varieties
15	象征	xiàngzhēng	动	to symbolize, to signify
16	元宝	yuánbǎo	名	shoe-shaped gold ingot
17	招财	zhāo cái		to invite wealth
18	麻将	májiàng	名	mahjong
19	守岁	shǒu suì		to stay up late or all night on New Year's Eve
20	长辈	zhǎngbèi	名	person of the elder generation
21	拜年	bài nián		to wish sb. a Happy New Year
22	压岁钱	yāsuìqián	名	lucky money for children during the Chinese New Year
23	陆续	lùxù	副	successively, one after another

新目标汉语口语课本

5

198

三 任务及活动　TASKS AND ACTIVITIES

（一）任务示范一　Task Demonstration Ⅰ

 **故事场景**　李伟和公司同事玛丽聊天。

李　伟：玛丽。春节就要到了，你打算怎么过呀？

玛　丽：我的一个朋友请我去他家过春节，顺便游览一下西安。

李　伟：你的朋友是西安人吗？

玛　丽：是啊。我们是大学同学，也是好朋友。对了，我去朋友家总得带些礼物吧？可我不知道送什么礼物合适，你给我出出主意吧。

李　伟：那要看送给谁了。

玛　丽：我朋友还没有结婚，跟他父母一起住。他还有哥哥、嫂子和一个小侄子，他们春节的时候也要从上海回西安过年。

李　伟：送给老人的礼物最好是实惠的。你就给他父母买点儿营养品或者水果，再送给他侄子一个玩具什么的就行了。

玛　丽：这是不是显得太轻了？

李　伟：不会呀。中国有句成语"千里送鹅毛"，意思是"礼轻情意重"。我们中国人热情、好客，不会在意礼物的价格的。不过，我要提醒你，中国人送礼讲究"好事成双"，所以最好送双数的礼物，但不能送四个。

玛　丽：因为"四"听起来跟"死"差不多，不吉利，对吧？

李　伟：对。此外，还要注意礼品或包装的颜色。在中国，红色代表吉祥，所以是节日、庆祝活动的常用色，而白色和黑色则不太受欢迎。

玛　丽：送礼还有什么别的讲究吗？

李　伟：还有就是给老人不能送钟，给夫妻不能送梨和伞。

玛　丽：这是为什么呢？

李　伟：因为"送钟"和"养老送终"的"送终"同音，梨、伞有"离"、"散"的意思。

玛　丽：我明白了。幸亏今天向你请教了中国人送礼的习俗，要不然，我很可能把梨当做礼物送给朋友的父母呢。

李　伟：我想即使你送了梨，朋友也不会怪你的，不知者不怪嘛。

（二）语法点注释一　Grammar Notes　I

1　幸亏今天向你请教了中国人送礼的习俗，……

"幸亏"，副词，表示由于某种有利条件而幸运地避免了不好的结果。后面常与"才、要不然、否则"等连用，如果语义清楚，也可以不用。例如：

①幸亏我们带着地图和手机，才没有迷路。

②幸亏你提醒我，要不然我早就忘了。

③A：没想到今天老师要听写。

　B：幸亏我昨天准备了。

2　……要不然，我很可能把梨当做礼物送给朋友的父母呢。

"不然、要不、要不然"，连词，意思是"如果不这样"，相当于"否则"。用在后一小句的开头，表示从前一句推出的结果或结论。例如：

①你应该经常给家里打电话，要不然父母会不放心的。

②我今天一定要把作业做完，不然我就不睡觉。

③A：天天吃包子，我都吃腻了。

　B：要不然我们去吃火锅吧。

新目标汉语口语课本

5

200

3 我想**即使**你送了梨，朋友**也**不会怪你的，不知者不怪嘛。

"即使……也……"，表示假设出现某种情况，后面的结果或结论也不会受太大影响或者有很大变化。例如：

①在口语课上就应该多说，即使说错了也不要紧。

②只有半个小时的时间，我们即使打车去也来不及了。

③即使他亲自来道歉，我也不会原谅他的。

（三）分步任务活动一 Implement Tasks Step by Step Ⅰ

1 我遇到过的麻烦事

（两人活动）说说你在国外遇到过哪些麻烦事？

☐ 丢了护照　　　☐ 不会说外语

☐ 走错了路　　　☐ 突然生病　　　☐ 其他困难_____

> **你们可以这样说**
>
> A：你在国外遇见过什么麻烦事吗？
> B：遇见过啊。有一次，……。
> A：那你怎么办呢？
> B：幸亏……，我才……。

（班级活动）听听其他同学的对话，记下他们遇到的麻烦事和解决的办法。

	遇到的麻烦事	解决办法
例	差一点儿迷路	幸亏我们带着地图和手机，才没有迷路。
1		
2		
3		
4		

说一说　根据同学们说到的麻烦事，用"要不然"说一说。

	遇到的麻烦事	解决办法
例	差一点儿迷路	幸亏他们带着地图和手机，要不然就迷路了。
1		
2		
3		
4		

2　送什么礼物？

两人活动　说说你们决定送什么礼物？

节日	我	我的同学
父亲节		
母亲节		
教师节		
男/女朋友的生日		

你们可以这样说

A：……就要到了，可我不知道送什么礼物给……合适，
　　你给我出出主意吧。

B：送……吧。

A：可是……。

B：要不然……。

A：这是个好主意。

3 最重要的节日

(两人活动) 说说你们国家最重要的节日。

提示语：在我国，……是最重要的节日，即使……也要放假休息。
节日里，人们要……，即使……也……。
节日里，不能……，即使……也不能……。

(班级活动) 听听其他同学的对话，记下你感兴趣的节日。

国家	最重要的节日	一定要做的事	一定不能做的事

（四）综合任务活动一 Comprehensive Tasks Ⅰ

1 中国人送礼的讲究

(说一说) 根据下面的提示，介绍一下中国人送礼的讲究。

中国人送礼的讲究	
多少钱	中国人……，他们不会在意……。
多少个	中国人送礼讲究……，所以最好送……，但不能送……。
什么颜色	还要注意……。在中国，红色代表……、……，所以是……的常用色，而……和……则不太受欢迎。
送给谁	给老人不能送……，给夫妻不能送……。

2 在我们国家，人们送礼的讲究

小组活动 ① 在你们国家，人们送礼有什么讲究？说一说。

	……人送礼的讲究
多少钱	……人……，他们（不会）在意……。
多少个	……人送礼（不）讲究……，所以……。
什么颜色	在……，……色代表……，所以是……的常用色，而……则不太受欢迎。
送给谁	给老人不能送……，给夫妻不能送……。

② 选一个代表，简单记录大家的看法。

同学＼内容	国家	多少钱	多少个	什么颜色	送给谁

203

3 在不同国家，人们送礼的讲究

班级活动 请每个小组的代表说说在不同的国家，人们送礼的讲究有哪些异同。

你可以这样说

一样的地方	不一样的地方
……人和……人一样，送礼的时候（不会）在意……。 　在……，送礼讲究……，在……，也一样。 　在……、……，……都是送礼的常用色。 　和……一样，在……，给老人/夫妻不能送……。	……人送礼的时候在意……，……人和……人不一样，送礼的时候不会在意……。 　在……，送礼讲究……。而在……，送礼不讲究……。 　在……，……是送礼的常用色。而在……，……不太受欢迎。 　在……，给老人/夫妻不能送……。 　和……不一样，在……，可以给老人/夫妻送……。

（五）任务示范二 **Task Demonstration** Ⅱ

我在中国过春节

上星期我有幸被朋友刘洋邀请到西安，跟他的家人一起过春节。这次经历让我了解了中国人过春节的种种习俗。

大年三十的下午我刚到刘洋家，就看见大门上贴着一个大大的"福"字，屋里也布置得喜气洋洋的。我和刘洋聊了会儿天，刘妈妈和他哥哥、嫂子就准备好了一桌年夜饭，鸡鸭鱼肉俱全。刘洋说，鱼是最重要的一道菜，因为鱼是富裕的象征。

子夜，我们放完了烟花，肚子也饿了。回到屋里，刘妈妈正好煮好了饺子。刘妈妈说这是中国人新年吃的第一顿饭，因为饺子的形状跟元宝似的，有"招财进宝"的意思，所以一定要吃。我吃着饺子，对他们说："恭喜发财！"他们全家人也祝我新年快乐。接着刘洋和他哥哥、嫂子教我玩儿麻将，我们一边玩儿一边喝茶聊天。大家一起守岁，直到天亮。

大年初一早上，刘洋的小侄子跑到客厅给长辈们拜年，大人们连忙把早已准备好的压岁钱给孩子，希望他在新的一年里平安、健康。小家伙别提多高兴了。我们吃过早饭以后，刘洋家的亲戚、朋友陆续登门拜年。家里一下子又热闹起来了。

接下来的几天，我和刘洋要么参加朋友的聚会，要么游览西安，没有闲下来的时候。每天的活动我都用照相机拍下来，发给了我的父母和朋友，让他们也能分享我的快乐。

（六）语法点注释二　Grammar Notes Ⅱ

1　上星期我**有幸**被朋友刘洋邀请到西安，跟他的家人一起过春节。

"有幸"，形容词，意思是很幸运，常用于表达因获得某种不易得到的机会等而感到幸运。例如：

①今天我们有幸请到了M公司总经理参加我们的讨论。

②去年，我有幸参加了"汉语桥"世界大学生中文比赛。

③这次有幸能获得奖学金，还能来到中国学习汉语，我觉得非常兴奋。

205

2　子夜，我们放完了烟花，肚子也饿了。回到屋里，刘妈妈**正好**煮好了饺子。

"正好"，副词。常表示时间、情况、机会条件等的某种巧合。例如：

①你要的那本词典，我正好有一本。

②这次见到王老师，正好问问他这个问题。

③我们跑到车站的时候，331路车正好开走。

3　接下来的几天，我和刘洋**要么**参加朋友的聚会，**要么**游览西安，……

"要么……要么……"，多用来表示"二者必居其一"的选择或可能出现的情况。例如：

①要么回国工作，要么留在中国继续学习，你自己决定吧。

②这次只能去一个人，要么是你，要么是小王。

③周末的早晨，我常去公园锻炼身体，要么跑步，要么打太极拳。

（七）分步任务活动二　Implement Tasks Step by Step Ⅱ

1 我在中国的重要经历

两人活动　说说你在中国有哪些重要的经历？有什么收获？

> 例
>
> 上星期我有幸被朋友刘洋邀请到西安，跟他的家人一起过春节。这次经历让我了解了中国人过春节的种种习俗。

说一说　介绍一下你同学的经历。

	时间	经历	收获
例	上星期	我的同学有幸被她朋友刘洋邀请到西安一起过春节。	这次经历让她了解了中国人过春节的种种习俗。
同学			

2 巧合的事情

两人活动　一起完成句子。

	A	B
例	子夜，我们放完了烟花，肚子也饿了。	回到屋里，刘妈妈正好煮好了饺子。
1	这件衣服我穿有点儿大。	
2		一百块钱正好够买两张电影票。
3	下午我要去图书馆看书。	
4		八点正好能赶到教室。

小组活动　说说你遇到过的巧合的事情。在老师规定的时间里，看谁说得多。

	我的情况或想法	巧合的事情
例	我最喜欢的颜色是蓝色，	朋友送给我的毛衣正好是蓝色的。
1	我的生日是_____，	
2	我的家乡是_____，	
3	假期，我想去_____旅游，	
4	朋友邀请我去_____，	
5		
6		
7		
8		

3　我们的习惯一样吗？

两人活动　你们的习惯一样吗？用"要么……要么……"说一说。

问题	我	我的同学
周五的晚上做什么？		
生日的时候，做什么？		
买衣服，一般去哪儿？		
中午吃饭，一般去哪儿？		
锻炼身体，一般做什么运动？		

（八）综合任务活动二　Comprehensive Tasks Ⅱ

1　在中国过春节

说一说　根据下面的提示，介绍在中国过春节的情况。

	在中国过春节	提示
1	大年三十吃什么？	年夜饭、俱全、鱼、象征
2	子夜常常做什么？	烟花、饺子、招财进宝、守岁
3	小孩子要做什么？	大年初一、拜年、压岁钱

2 一个特殊的节日

小组活动 介绍你们国家一个特殊的节日，听听别的同学的介绍并记下来。

	时间	节日	晚饭	活动
例	中国	春节	鸡鸭鱼肉俱全。鱼是最重要的一道菜，因为鱼是富裕的象征。	放烟花、吃饺子；大家一起守岁，直到天亮；孩子给长辈们拜年，长辈给孩子压岁钱。
1				
2				
3				

四 学习后任务　REVIEW TASKS

1 你知道哪些中国传统节日？

中国的传统节日有：_____春节_____　　_____

_____　　_____

2 在中国，不同的地区、不同的民族过春节时有不同的习惯，调查5位中国人，看他们的年夜饭有什么不同。

	性别	年龄	地区	民族	年夜饭
1					
2					
3					
4					
5					

五　自我评估　SELF-EVALUATION

1 在完成学习后任务的时候，你用了多少刚学过的词语和句子，请画"✓"。

① 我用的生词数量是：

☐ 5～10个　　☐ 10～15个　　☐ 15～20个　　☐ 20个以上

② 我用的句子数量是：

☐ 3～5个　　☐ 5～10个　　☐ 10～15个　　☐ 15个以上

2 选择正确的应答。

① A：早上还有太阳，没想到一出门就下雨。　（　　　）

　B1：有幸我带着伞呢。

　B2：幸亏我带着伞呢。

② A：今天路上堵车真厉害！　（　　　）

　B1：是啊，幸亏我是骑车来的，要不就迟到了。

　B2：是啊，我是骑车来的，要不我没赶上堵车。

③ A：听说，明天是演唱会的最后一天。　（　　　）

　B1：是啊，既然明天下雨，我也要去。

　B2：是啊，即使明天下雨，我也要去。

④ A：上次你去电影城参观有什么收获吗？　（　　　）

　B1：我有幸见到了我最喜欢的电影明星成龙。

　B2：我幸运见到了我最喜欢的电影明星成龙。

⑤ A：比赛要求穿白裙子，我明天得去买一条了。　（　　　）

　B1：别买了，我有一条正好白色的可以借给你。

　B2：别买了，我正好有一条白色的可以借给你。

⑥ A：你觉得我给爸爸送什么礼物好呢？　（　　　）

　B1：要么送个钱包，要么送条领带。

　B2：要是送个钱包，要是送条领带。

3 答一答。

① 你现在知道几个中国的传统节日？ （　　）

　　A. 4个以下　　　　　　B. 4个以上

② 你现在可以用汉语介绍在自己国家送礼的讲究吗？ （　　）

　　A. 可以　　　　　　B. 不可以

③ 你了解其他国家送礼的讲究吗？ （　　）

　　A. 了解　　　　　　B. 不了解

④ 你能用汉语介绍自己国家的重要节日吗？ （　　）

　　A. 能　　　　　　B. 不能

4 关于中国人在传统节日的习惯，你现在了解到哪些新的信息？

①　_____

②　_____

③　_____

第十四单元
Unit 14

求职
Seeking Employment

话题 Topic	求职
任务目标 Instructional Objectives	能就"如何求职成功"发表自己的见解并描述自己或他人的求职经历
重点词语 Key Words	面试、推销、简历、优势、诚实、起码、相符、唯一、出路、搜集、录用
重点语句 Key Sentences	1. 前一段时间我去参加了一家公司的面试,应聘推销员的职位。 2. 面试前你起码要了解公司经营哪些业务,子公司、员工人数有多少等等,否则人家会认为你对他们公司并不是很感兴趣或者做事前缺乏充分的准备。 3. 和很多大学生一样,在即将毕业的时候,找工作成了困扰我的最大难题。 4. 我是一个学计算机专业的女孩儿,希望自己的工作能和我学的专业相关。
语法点 Grammar Points	1. 没/不怎么……　　　　4. 作为 2. 固然　　　　　　　　5. 有利于 3. 是否、能否　　　　　6. 与其……不如……

导入　WARM-UP

1. 你能说出下面的职业吗？

_____　　_____　　_____　　_____

2. 如果要找工作，你想选择什么职业？

 头脑风暴　BRAINSTORM

1. 你还知道哪些表示职业的词？

▶ __老师__　　▶ _____　　▶ _____

▶ _____　　▶ _____　　▶ _____

2. 你知道哪些在大学学习的专业？

▶ __计算机专业__　　▶ _____　　▶ _____

▶ _____　　▶ _____　　▶ _____

 生词总动员 WORD POWER

生词大盘点 VOCABULARY LIST

1	面试	miànshì	名/动	interview; to interview
2	推销	tuīxiāo	动	to promote sales
3	分析	fēnxī	动	to analyze
4	蚂蚁	mǎyǐ	名	ant
5	简历	jiǎnlì	名	resume, CV
6	规范	guīfàn	形/名	standardized; standard
7	亮点	liàngdiǎn	名	highlight
8	优势	yōushì	名	advantage
9	固然	gùrán	连	no doubt, of course
10	诚实	chéngshí	形	honest
11	起码	qǐmǎ	形	at least, minimal
12	幼稚	yòuzhì	形	naïve, childish
13	相符	xiāngfú	形	consistent, matching
14	即将	jíjiāng	副	soon, be about to
15	困扰	kùnrǎo	动	to trouble, to perplex
16	唯一	wéiyī	形	only
17	出路	chūlù	名	way out
18	相关	xiāngguān	动	to be related, to be correlated
19	招聘	zhāopìn	动	to invite applications for a job
20	明明	míngmíng	副	obviously, clearly
21	递	dì	动	to pass, to hand over
22	打击	dǎjī	动	to dampen, to blow, to frustrate
23	搜集	sōují	动	to collect
24	录用	lùyòng	动	to employ, to recruit

三 任务及活动　TASKS AND ACTIVITIES

（一）任务示范一　Task Demonstration Ⅰ

　张丽在向杨阳请教求职经验。

张　丽：师姐，前一段时间我去参加了一家公司的面试，应聘推销员的职位。当时我觉得他们对我挺满意的，可最后还是被拒绝了。

杨　阳："胜败乃兵家常事"，重要的是分析失败的原因。

张　丽：我现在已经像热锅上的蚂蚁了，哪儿还能冷静分析呀！你帮我找找原因吧。这是我的简历，你帮我看看。

杨　阳：你的简历写得很规范，而且也有亮点。我想一定是你面试时给他们的印象不太好。他们都问你什么问题了？

张　丽：一位面试官让我说说自己的优势和不足。我把自己在个人能力和性格方面的优势介绍得很充分，但没怎么说自己的不足。

杨　阳：推销自己固然重要，但一般面试官不但要看你是否有创造力，能否很快适应工作环境，还要了解你是否诚实。或者说，能否正确地评价自己。这也是用人单位很看重的一点。

张　丽：我还以为那样能给他们留下好印象呢。看来我太不了解他们的需求了。还有一位面试官让我谈谈对公司的认识，可我了解得不多，只好随便说了几句。

杨　阳：那怎么行呀？面试前你起码要了解公司经营哪些业务，子公司、员工人数有多少等等，否则人家会认为你对他们公司并不是很感兴趣或者做事前缺乏充分的准备。

张　丽：那时候因为时间紧，我还得买面试时穿的衣服和鞋，所以就没有详细地了解那家公司。

杨　阳：对了，那天你穿的是什么衣服啊？

张　丽：我手机里有照片，你看看。

杨　阳：这套衣服不好，显得你很幼稚，跟个高中生似的，怎么能让人家信任你呢？

张　丽：那我应该穿什么样的衣服呀？

杨　阳：你的服饰要跟你的身材、身份、应聘的职位相符，要给人整洁、大方的感觉。这样吧，我跟你一起去商场挑一套吧。

张　丽：太好了。

（二）语法点注释一 Grammar Notes Ⅰ

1 我把自己在个人能力和性格方面的优势介绍得很充分，但**没怎么**说自己的不足。

"没/不怎么……"，"怎么"表示一定程度，用在"不、没"的后面，减弱了否定的力量，语气比较婉转。例如：

①我刚开始学汉语，说得不怎么好。

②我跟他不怎么熟悉，只是见面的时候打个招呼。

③这次考试他考得不太好，因为工作太忙，没怎么复习。

2 推销自己**固然**重要，……

"固然"，表示确认某一方面的事实，后一小句常常有"但是、可是"等，表示应该承认另一方面的事实。例如：

①工作固然重要，但是也应该注意自己的身体。

②药固然可以治病，可是吃太多药对身体也是有害的。

③比赛能赢固然好，但要是输了也没什么关系。

3 但一般面试官不但要看你**是否**有创造力，能否很快适应工作环境，还要了解你是否诚实。

"是否、能否"的意思分别是"是不是、能不能"。一般有两种用法：

用在问句里。一般在动词前，有时也可用在主语前。句末可以用"呢"。例如：

①明天上午的会议，您是否参加呢？

②你能否说出一两个小学同学的名字？

③吃了那些药以后，身体是否比以前好一些了？

用在宾语小句或主语小句里。例如：

④我不知道总经理是否同意我们的想法。

⑤我想知道考试的时候能否用电子词典。

⑥老师能否支持我们，还不一定。

（三）分步任务活动一　Implement Tasks Step by Step Ⅰ

1 我的优势和不足

两人活动 如果你想应聘某个职位，说说你做这份工作的优势和不足。

	应聘的职位	优势	不足
我			
我的同学			

你们可以这样说

A：你想应聘什么职位？

B：我想……。

A：你觉得自己有什么优势？

B：……。

A：有没有什么不足？

B：我不/没怎么……。

2 **你想找什么样的工作？**

说一说　你想找什么样的工作？

□教师　　　□医生　　　□律师　　　□教练

□运动员　　□记者　　　□主持人　　□其他_____

两人活动　你们讨论的结果。

> **你们可以这样说**
>
> A：你想找什么样的工作？
> B：我想……。
> A：你觉得做这份工作需要哪些基本条件？
> B：……。
> A：我觉得……固然重要，但……。
> B：……。

说一说　你想找什么样的工作？

	我	我的同学
想找的工作		
基本条件	① ② ③	① ② ③

3 **求职时要注意的事情**

说一说　根据课文内容，用"是否/能否"说说求职时要注意哪些事情。

> 例
>
> 求职时要注意简历写得是否规范，定位是否符合职位要求，……。

两人活动 除了课文里提到的，求职时还有哪些需要注意的事情？和同学说一说，然后记下来。

a._____是否／能否_____。

b._____是否／能否_____。

c._____是否／能否_____。

（四）综合任务活动一　Comprehensive Tasks Ⅰ

1 到公司求职要注意什么？

说一说 根据下面的提示，介绍到公司求职时需要注意的事情。

内容	提示
准备简历	规范、亮点
准备服饰	舒服、与……相符、整洁、大方
了解公司	起码、业务、子公司、员工人数
介绍自己	推销、固然、是否、创造力、能否、适应、诚实、看重

2 面试

小组活动 ① 角色扮演：王芳是一名刚毕业的硕士研究生，她想应聘北京语言大学汉语教师的职位，模仿王芳和面试官进行面试，面试官需要在下面的表中简单记录。

面试的内容	应聘者的情况	评分（10分）
对自己的评价		
对教师工作的了解		
其他_____		
其他_____		
其他_____		

② 讨论：王芳的面试是否成功，为什么？

218

3 怎样才能面试成功？

说一说 参加完角色扮演以后，你对怎样才能面试成功有什么新的想法吗？如果你自己参加面试要注意些什么？请结合自己找工作的情况说一说。

提示词：职位、规范、亮点、印象、优势、不足、固然、是否、创造力、适应、看重、起码、否则、显得、信任、相符

（五）任务示范二 Task Demonstration Ⅱ

我的择业之路

和很多大学生一样，在即将毕业的时候，找工作成了困扰我的最大难题。作为一个在北京读了四年大学的四川人，我已经习惯了北京的生活，但留在北京工作并不是唯一的出路。虽说北京的机会多，有利于个人的事业发展，但北京的房价高，物价高，生活压力大。对我来说，留在北京和回四川找工作各有各的好处，所以我决定先在北京碰碰运气，要是不行就回四川。

我是一个学计算机专业的女孩儿，希望自己的工作能和我学的专业相关。第一次应聘是在一次校园招聘会上。一家广告公司招聘软件工程师。广告上明明写着性别不限，可是当我把简历递给他们的时候，对方看了我一眼，说："我们只招男生。"然后就把简历退给了我。当时，我受到了不小的打击，但又想：万事开头难，以后会有更好的机会等着我。

在接下来的日子里，我经常在网上搜集信息，也去过两家公司参加面试，其中一家小公司决定录用我，但他们不能

给我解决户口问题。我想，与其做一个没有户口的北京人，还不如回家乡工作。将来父母老了，也好照顾他们。于是，我把注意力集中到了成都的招聘市场。不到两个月的时间，我就接到了四川电视台的电话，通知我去签合同。至此，我的择业之路画上了一个圆满的句号。

（六）语法点注释二 Grammar Notes Ⅱ

1 **作为**一个在北京读了四年大学的四川人，……

"作为"，意思是"对人的某种身份或事物的某种性质来说"，后面必须带名词宾语。例如：

①作为刚开始工作的年轻人，应该多向其他同事学习。

②作为球队的主教练，我应该带领球队取得更好的成绩。

③作为家长，不但要关心孩子的学习，还要关心孩子的身体和心理健康。

2 虽说北京的机会多，**有利于**个人的事业发展，……

"有利于"，意思是"对……有好处"。相反的意思，可以说"不利于"。例如：

①"五一节"前后，天气温暖舒适，有利于出门旅游。

②据说，多吃蔬菜水果有利于身体健康。

③专家认为，整洁的环境有利于提高办事效率，而又脏又乱的环境则不利于提高办事效率。

3 我想，**与其**做一个没有户口的北京人，还**不如**回家乡工作。

"与其……不如……"，表示前后两种情况相比，后一种情况更好一些。例如：

①天气这么好，与其待在家里，不如到外面走走。

②想要减肥，与其不吃不喝，不如坚持锻炼。

③现在是下班时间，路上一定堵车。咱们与其打车，不如坐地铁去。

（七）分步任务活动二 Implement Tasks Step by Step Ⅱ

1 不同职业的要求

说一说 对下面这些职业，应该有什么要求？选择三种说一说。

☐ 律师   ☐ 经理   ☐ 公司职员

☐ 医生   ☐ 教师   ☐ 演员

☐ 记者   ☐ 警察   ☐ 其他＿＿＿＿＿

例 作为球队的主教练，应该带领球队取得更好的成绩。

两人活动 和同学交流一下，把你们讨论的结果写在下面。

	职业	要求一	要求二
1			
2			
3			

你们可以这样说

A：你觉得对……，应该有什么要求？

B：我想，作为……，……。

A：我觉得……固然重要，但……。

B：你说得对，作为……，还应该……。

2 在哪儿工作？

说一说 用"有利于"说说你的选择。

a. 你想在哪儿生活？   ☐ 城市   ☐ 农村

b. 你想在哪儿学习？   ☐ 国内   ☐ 国外

c. 你想在哪儿工作？   ☐ 大公司   ☐ 中小公司

d. 你想怎么就业？   ☐ 找工作   ☐ 自己办公司

例 你想在哪工作？ ☑北京   ☐家乡

我想在北京工作。北京的机会多，有利于个人的事业发展。

小组活动 根据上面的问题找一找和你看法不一样的同学，把他/她的看法记下来。

	同学的选择	"……不利于……"
例	他不想在北京工作	因为在北京工作不利于照顾父母
1		
2		
3		
4		

222

3 不想在哪儿工作？

说一说 用"与其……不如……"说说你的选择。

a. 你不想在哪儿生活？　☐ 城市　　☐ 农村

b. 你不想在哪儿学习？　☐ 国内　　☐ 国外

c. 你不想在哪儿工作？　☐ 大公司　☐ 中小公司

d. 你不想怎么就业？　　☐ 找工作　☐ 自己办公司

例 你不想在哪工作？　☑北京　　☐家乡

我不想在北京工作。在北京工作，可能不能解决户口问题。我想，与其做一个没有户口的北京人，还不如回家乡工作。

两人活动 根据上面的问题，找一个看法不同的同学一起练习，你会改变自己的看法吗？

你们可以这样说

A：你为什么不想……呢？……有利于……。

B：可是，……，可能……。我想，与其……，
　　不如……。

A：……固然好，可是，……可能……。我想，
　　与其……，不如……。

B：你说得也有道理。/我还是坚持我的看法。

（八）综合任务活动二　Comprehensive Tasks Ⅱ

1　"我"的择业之路

说一说　根据下面的提示，说说课文中"我"的择业之路。

	"我"的择业之路
"我"的想法	即将、作为、出路、有利于、压力、对……来说
失败的经历	应聘、招聘、广告、性别、简历、打击
成功的经历	搜集、面试、录用、解决、户口、与其……，不如……、签合同

2　找工作的经历

小组活动　① 选用下面的提示语，介绍自己找工作或者兼职的经历。

	我找工作/兼职的经历
我的想法	即将、作为、出路、有利于、对……来说
失败的经历	应聘、招聘、广告、性别、简历、打击
成功的经历	搜集、面试、录用、解决、户口、与其……，不如……、签合同

② 每个小组选一个代表，简单记录大家的看法。

内容 同学	原来的想法	想找的工作	成功还是失败	成功或者失败的原因

3 成功或失败的原因

班级活动 请每个小组的代表说说你们在找工作或者兼职时，成功或失败的原因。

提示语：我们这个小组的同学找过的工作/兼职有……。有……位同学说到了他们找工作/兼职成功的经历。他们认为……是成功的原因。有……位同学说到他们找工作/兼职失败的经历。他们认为失败的原因有的是因为……，有的是因为……。

四 学习后任务　REVIEW TASKS

1 在中国，这几年哪些专业很容易找工作？

容易找工作的专业有：<u>计算机专业</u>　　<u>　　　　　　</u>

<u>　　　　　　</u>　　<u>　　　　　　</u>

<u>　　　　　　</u>　　<u>　　　　　　</u>

2 调查5位中国人有关工作的情况。

	学习的专业	现在的工作	选择现在这份工作的原因
1			
2			
3			
4			
5			

五　自我评估　SELF-EVALUATION

1　在完成学习后任务的时候，你用了多少刚学过的词语和句子，请画"✓"。

① 我用的生词数量是：

☐ 5～10个　　☐ 10～15个　　☐ 15～20个　　☐ 20个以上

② 我用的句子数量是：

☐ 3～5个　　☐ 5～10个　　☐ 10～15个　　☐ 15个以上

2　选择正确的应答。

① A：这件衣服还很新啊，你怎么不要了？　（　　）

B1：唉，都是因为长胖了，其实没怎么穿过。

B2：唉，都是因为长胖了，其实没什么穿过。

② A：他的技术水平很高，以后一定是一名优秀的乒乓球运动员。　（　　）

B1：我觉得，技术水平既然很重要，但一名优秀的运动员还需要好的心态。

B2：我觉得，技术水平固然很重要，但一名优秀的运动员还需要好的心态。

③ A：每次商场打折的时候，我都会买回一些没用的东西。　（　　）

B1：以后你在买之前，先问问自己是否真的需要这件东西。

B2：以后你在买之前，先问问自己能否真的需要这件东西。

④ A：我想应聘网络编辑工作。　（　　）

B1：认为网络编辑，每天都要和网络打交道。你了解基本的电脑和网络知识吗？

B2：作为网络编辑，每天都要和网络打交道。你了解基本的电脑和网络知识吗？

⑤ A：你觉得文学专业和翻译专业，哪个更好？　（　　）

B1：我觉得，翻译专业可能有利于找工作。

B2：我觉得，找工作可能有利于翻译专业。

⑥ A：为了找到一个好工作，我从早到晚都在看求职方面的书。　（　　）

B1：与其花那么多时间看书，找一份兼职，不如积累一些工作经验。

B2：与其花那么多时间看书，不如找一份兼职，积累一些工作经验。

3 答一答。

① 你现在知道几个容易找工作的专业？　（　　　）

A. 4个　　　　　　　B. 4个以下　　　　　　C. 4个以上

② 你能在求职面试时，用汉语介绍自己吗？　（　　　）

A. 能　　　　　　　B. 不能

③ 你现在可以用汉语介绍自己找工作的经历吗？　（　　　）

A. 可以　　　　　　B. 不可以

④ 你了解其他同学找工作的经历吗？　（　　　）

A. 了解　　　　　　B. 不了解

4 关于中国人对找工作的看法，你现在了解到哪些新的信息？

① _____

② _____

③ _____

第十五单元
Unit 15

感受中国
Feelings about China

话题 **Topic**	感受中国
任务目标 **Instructional Objectives**	能谈论对中国人或事物的认识和感受
重点词语 **Key Words**	预料、差异、不拘小节、得罪、基础、一言为定、几乎、保存、介意
重点语句 **Key Sentences**	1. 我原来只知道中国南北方的气候不同，饮食习惯不同，没想到人也有这么大的差异。 2. 不同地域的人，由于地理环境、气候不同，人们的长相、性格、思想观念什么的也会有差异。 3. 北京大大小小的地方我几乎都游遍了，其中最吸引我的还是北京的胡同。 4. 在火车上，无论是硬座、硬卧还是软卧，人们通常都不会介意你在他们身边坐下来休息一下。
语法点 **Grammar Points**	1. 倒（是） 4. 同时 2. 大多 5. 宁可 / 宁愿……也 / 而…… 3. 一方面……，（另）一方面…… 6. 总之

导入　WARM-UP

猜猜他们是哪国人。

_____

_____

_____

_____

头脑风暴　BRAINSTORM

1. 你学过哪些和性格有关的词?

▶ _外向_　　　▶ _____　　　▶ _____

▶ _____　　　▶ _____　　　▶ _____

2. 你知道哪些中国的省?

▶ _黑龙江_　　　▶ _____　　　▶ _____

▶ _____　　　▶ _____　　　▶ _____

 生词总动员 **WORD POWER**

生词大盘点 VOCABULARY LIST

1	谈判	tánpàn	动	to negotiate
2	预料	yùliào	名/动	anticipation; to predict
3	利益	lìyì	名	benefit
4	差异	chāyì	名	difference
5	俗话	súhuà	名	folksay, common saying
6	地域	dìyù	名	region, area
7	平原	píngyuán	名	a large area of flat land
8	不拘小节	bùjū xiǎojié		not to bother about trifles
9	细腻	xìnì	形	delicate, exquisite
10	精明	jīngmíng	形	shrewd, astute
11	得罪	dézuì	动	to offend, to displease
12	落后	luòhòu	形/动	backward; to fall behind
13	基础	jīchǔ	名	basis, foundation
14	政策	zhèngcè	名	policy
15	一言为定	yì yán wéi dìng		That's settled./ It's a deal.
16	外企	wàiqǐ	名	foreign company
17	几乎	jīhū	副	almost, nearly
18	保存	bǎocún	动	to keep, to preserve
19	取而代之	qǔ ér dài zhī		to replace, to substitute
20	破坏	pòhuài	动	to destroy, to damage
21	韵味	yùnwèi	名	aroma, charm
22	宁可	nìngkě	副	would rather
23	介意	jièyì	动	to mind, to care about
24	车厢	chēxiāng	名	railway compartment, railway carriage
25	原本	yuánběn	副	originally

三 任务及活动　TASKS AND ACTIVITIES

（一）任务示范一　Task Demonstration　I

故事场景　李伟和查理在休息室聊天。

李　伟：查理，你这次去山东和海星公司签合同顺利吗？

查　理：非常顺利。比我上次到广东谈判容易多了。

李　伟：这是预料之中的事。

查　理：为什么？难道你事先已经知道了他们的签约条件吗？

李　伟：不是。因为我知道山东人重名轻利，对他们来说，面子比较重要，利益倒是次要的，而广东人有经商的传统，也有经商的头脑。

查　理：我原来只知道中国南北方的气候不同，饮食习惯不同，没想到人也有这么大的差异。

李　伟：俗话说，一方水土养一方人嘛。也就是说，不同地域的人，由于地理环境、气候不同，人们的长相、性格、思想观念什么的也会有差异。

查　理：你能说得再具体一点儿吗？

李　伟：比如说，北方大部分是平原，冬季寒冷，所以大部分北方人都热情外向、不拘小节；南方的山地河流多，气候温和湿润，所以南方人大多细腻温柔、精明能干。

查　理：是吗？我还发现北方人吃得多，身材高大，南方人吃得少，身材瘦小。

李　伟：说得没错。那你猜猜我是哪儿的人？

查　理：你个子不高，做事仔细，像南方人，但你的性格直爽，说话不怕得罪人，又有点儿像北方人。我看，你不是中国人。

李　伟：你真会开玩笑。告诉你吧，我的家乡在中国的西部——兰州。

查　理：那你怎么跑到北京来工作了？

李　伟：中国的西部，经济落后，东部经济发展快。在北京工作，一方面能多挣点儿钱，另一方面也能学到很多东西，为我将来回兰州自己开公司打好基础。

查　理：听说中国政府对西部开发有很多优惠政策。你去那边开公司应该更容易。

北方人

南方人

李　伟：没错。等我回兰州的时候一定请你去那儿玩儿。

查　理：一言为定呦。

（二）语法点注释一　Grammar Notes　Ⅰ

1 对他们来说，面子比较重要，利益倒是次要的……

"倒（是）"，表示和一般的情况相反。例如：

①没吃药，还好一些，吃了药，病倒重了。

②难的题都做对了，这么简单的题倒算错了。

③小学的时候我想当老师，现在倒不知道干什么好了。

2 ……，所以南方人大多细腻温柔、精明能干。

"大多"，副词，表示大部分、大多数。例如：

①来参加比赛的大多是学过两三年汉语的学生。

②调查人员发现，顾客大多喜欢那种蓝色包装的商品。

③中秋节的时候，离家近的同学大多都回家了。

3 在北京工作，**一方面**能多挣点儿钱，**另一方面**也能学到很多东西，……

"一方面……，（另）一方面……"，连接两种有关的事物，也可以连接一个事物的两个方面。例如：

①要想做"中国通"，一方面要学好汉语，另一方面要了解中国文化。

②我这次来中国，一方面想提高自己的汉语水平，另一方面想品尝更多的中国美食。

③作为一个结了婚的职业女性，我一方面要做好自己的工作，另一方面要照顾好自己的家庭。

（三）分步任务活动一　Implement Tasks Step by Step Ⅰ

1 关于汉语学习

两人活动 你觉得汉语学习中最难或最重要的是什么？

□语法　　　　□汉字　　　　□发音

□口语　　　　□听力　　　　□阅读

你们可以这样说
A：……、……和……，你觉得什么最难/重要？　　A：……、……和……，你觉得什么最难/重要？ B：我觉得……最难/重要，……、……倒……。你觉得呢？　　B：我觉得……最难/重要，……、……倒……。你觉得呢？ A：我也觉得……最难/重要，……倒不太难/不太重要。　　A：我倒不这么认为。我觉得……最难/重要，……倒不太难/不太重要。

说一说 你的看法和同学的一样吗？

	重要的/难的	不太重要的/不太难的
我		
我的同学		

2 一方水土养一方人

说一说 在你们国家，不同地方的人在长相、性格方面都有什么特点？

例
在中国，北方人大多身材高大；南方人大多身材瘦小。北方人基本上都热情外向、不拘小节；南方人大多细腻温柔、精明能干。

小组活动 听听其他同学的看法，记下你最感兴趣的。

	国家	地方	身材	性格
例	中国	北方	高大	热情外向、不拘小节
		南方	瘦小	细腻温柔、精明能干
1				
2				

3 我在中国

说一说 用"一方面……，另一方面……"说说你的看法。

问题	"我……，一方面……，另一方面……。"
你想在中国哪个城市工作/学习？	
在中国，你想去哪儿旅游？	
你想和中国哪个城市的人交朋友？	
你对中国的哪方面很感兴趣？	

例
在北京工作，一方面能多挣点儿钱，另一方面也能学到很多东西，为我将来回兰州自己开公司打好基础。

两人活动 你们的看法一样吗？和同学一起进行对话。

你们可以这样说

A：你……？
B：我……，一方面……，另一方面……。你呢？
A：我……，一方面……，另一方面……。

A：你……？
B：我……，一方面……，另一方面……。你呢？
A：我也是。

（四）综合任务活动一　Comprehensive Tasks Ⅰ

1　我眼里的中国人

小组活动　说说你认识的中国朋友，他们的性格怎么样？

	姓名	性别	年龄	出生地	性格
1					
2					
3					

班级活动　每个组选一个代表，用下面的提示语说说你们这个小组里大家的看法一样吗。

提示语：我们小组的同学认识的中国朋友有……。

我们认识的大多是……人。

我们认为，对……人来讲，……比较重要，……倒是次要的。

我们认为，……人一方面……，另一方面他们……。

2　一方水土养一方人

两人活动　说一说在你们国家，不同地方的人在长相、性格方面都有什么不同。

你们可以这样说

A：我觉得……人……，对他们来说，……比较重要，……倒是次要的。而……人……。

B：我原来只知道……，没想到……。

A：俗话说，……。也就是说，……，由于……不同，人们的……也会有差异。

B：你能说得再具体一点儿吗？

A：比如说，……，所以……人基本上……；……，所以……人大多……。

B：是吗？真有意思。

（五）任务示范二　Task Demonstration Ⅱ

感受中国

由于我在外企工作，所以接触了很多外国同事，也认识了不少外国朋友。有一次大家聚在一起吃饭聊天，这些老外说起了他们在中国生活的感受。

美国朋友：因为工作的原因，我们全家人已经在北京住了五年。北京大大小小的地方我几乎都游遍了，其中最吸引我的还是北京的胡同。北京的胡同已有800多年的历史了，胡同里的四合院是老北京人生活的主要场所，同时也是老北京人的生活习惯和

传统文化保存最完好的地方。我对中国古老的文化很感兴趣，所以我喜欢逛胡同，感受那里浓浓的"京味"。但四合院那样的建筑越来越少了，取而代之的是高楼大厦，是六条车道的公路，是交通堵塞。真希望北京快速的城市建设不要破坏了这座古老城市的文化韵味。

巴西朋友：在中国，我非常喜欢坐火车旅行。甚至出差，我也宁可坐火车，也不坐飞机。在火车上，无论是硬座、硬卧还是软卧，人们通常都不会介意你在他们身边坐下来休息一下。他们很快就能把车厢变成一个家。大家互相打招呼，拿出吃的一块儿分享。大家有的吃零食、喝饮料，有的看报纸，有的聊天、打牌。我曾不止一次地看到，连陌生人也会被邀请到一块儿玩儿牌。总之，车厢里的气氛非常友好，这让原本无聊的旅途变得充满了乐趣。

（六）语法点注释二 Grammar Notes Ⅱ

1 胡同里的四合院是老北京人生活的主要场所，**同时**也是老北京人的生活习惯和传统文化保存最完好的地方。

"同时"，连词，与"又、也"等一起使用，表示前后两个小句是并列的关系，有"并且"的意思。例如：

①你一定要按时吃药，同时也要注意休息。

②他是我的辅导老师，同时又是我在中国最好的朋友。

"（在）……的同时"，表示前后两个动作行为在同一个时间发生。例如：

③你在按时吃药的同时也要注意休息。

④这本书告诉年轻父母们：怎样在工作的同时教育好自己的孩子。

⑤我觉得在保证交通便利、住房舒适的同时，也可以低碳生活呀。

2 甚至出差，我也**宁可**坐火车，**也**不坐飞机。

"宁可、宁愿"，副词，表示在经过比较以后选择的一种做法。常用的搭配有"宁可 / 宁愿……也 / 而……"。例如：

①他宁可不睡觉，也要把这本书看完。

②父母宁愿自己辛苦，也不愿让孩子吃苦。

③我宁可周末待在家里看电视，而不跟她们去爬山。

3 **总之**，车厢里的气氛非常友好，这让原本无聊的旅途变得充满了乐趣。

"总之、总而言之"，连词，有总结上文的意思，有时候含有"反正"的意思。例如：

①有的人赞成，有的人反对，总之，大家的看法不太一样。

②具体的地址我记不清楚了，总之，是在学校附近。

③刚到那儿的一个星期，我不是拉肚子，就是头疼，总而言之，没有一天觉得舒服。

（七）分步任务活动二　Implement Tasks Step by Step Ⅱ

1 我最熟悉的地方

说一说　下面这些地方，你熟悉吗？模仿例句，介绍一个你熟悉的地方。

自由女神像
（Zìyóu Nǚshén Xiàng）

埃菲尔铁塔
（Āifēi'ěr Tiětǎ）

金字塔和狮身人面像
（Jīnzìtǎ hé Shīshēn
Rénmiàn Xiàng）

富士山
（Fùshì Shān）

悉尼歌剧院
（Xīní Gējùyuàn）

罗马斗兽场
（Luómǎ Dòushòuchǎng）

　胡同里的四合院是老北京人生活的主要场所，同时也
是老北京人的生活习惯和传统文化保存最完好的地方。

小组活动　听听其他同学的介绍，记下你最感兴趣的。

	国家	地方	"……是……，同时也是……。"
例	中国	胡同里的四合院	胡同里的四合院是老北京人生活的主要场所，同时也是老北京人的生活习惯和传统文化保存最完好的地方。
1			
2			

2 我不喜欢的交通工具

说一说 在中国旅行，你不喜欢哪种交通工具？在你们国家旅行呢？

☐ 汽车 ☐ 火车 ☐ 飞机
☐ 自行车 ☐ 自己开车 ☐ 其他_____

	不喜欢的交通工具	原因
在中国		
在我们国家		

两人活动 你们的想法一样吗？两人一组进行对话。

你们可以这样说

A：在……旅行，你喜欢……吗？ | A：在……旅行，你喜欢……吗？

B：我不喜欢……。我宁可……，也 | B：我不喜欢……。我宁可……，
不愿意……。因为……。 | 也不愿意……。因为……。

A：可是，……，我喜欢……旅行。 | A：我也是。

3 在中国，你喜欢什么？

说一说 我喜欢……

	问题	回答	"我喜欢……，……，……，总之……。"
例	喜欢的交通工具	火车	中国人很快就能把火车车厢变成一个家。大家有的吃零食、喝饮料，有的看报纸，有的聊天、打牌。我曾不止一次地看到，连陌生人也会被邀请到一块儿玩儿牌。总之，车厢里的气氛非常友好，这让原本无聊的旅途变得充满了乐趣。
1	喜欢的城市		
2	喜欢的名胜古迹		
3	喜欢的饮料或食品		
4	喜欢的传统文化艺术		

小组活动　大家的看法一样吗？把大家的看法记下来。

	问题	同学1	同学2	同学3	同学4
1	喜欢的城市				
2	喜欢的名胜古迹				
3	喜欢的饮料或食品				
4	喜欢的传统文化艺术				

班级活动　每个小组选一个代表，用下面的提示语总结一下你们这个小组的看法。

　　提示语：说到……，大家都喜欢……。因为……，……，总之……。
　　　　　　说到……，有的喜欢……，有的喜欢……，总之……。

（八）综合任务活动二　Comprehensive Tasks Ⅱ

1　**在中国生活的感受**

说一说　根据下面的提示语介绍课文中的美国朋友或者巴西朋友在中国生活的感受。

例　　美国朋友：因为……的原因，我们全家人……了。北京……的地方……了，其中最吸引我的还是……。北京的胡同已有……了，胡同里的四合院是……，同时也是……。我对……很感兴趣，所以……，感受……。但那些……越来越少了，取而代之的是……。真希望……不要破坏了……。

　　巴西朋友：在中国，我非常喜欢……，甚至……，我也宁可……，也……。在……，无论是……还是……，人们都……。他们很快就……。大家有的……，有的……，有的……。我曾不止一次地看到，甚至是……也……。总之，……，这让……变得……。

2 我的感受

小组活动 选择下面的一项，说说你们的感受。

☐ 在中国生活的感受　　　　☐ 在北京生活的感受

☐ 和北京人接触的感受

我的感受	
好的感受	吸引、场所、习惯、传统、感受、保留、破坏、无论……都……、介意、互相、有的……有的……有的、不止一次、甚至、总之
不好的感受	

3 你们的看法一样吗？

班级活动 听听其他小组的介绍，把你觉得有意思的记下来。

问题	好的感受	不好的感受
在中国生活的感受		
在北京生活的感受		
和北京人接触的感受		

四 学习后任务　REVIEW TASKS

1 你知道哪些中国的方言？

中国的方言有： 北方方言（如河北话） ＿＿＿＿＿＿

＿＿＿＿＿＿＿＿＿＿　＿＿＿＿＿＿＿＿＿＿

＿＿＿＿＿＿＿＿＿＿　＿＿＿＿＿＿＿＿＿＿

2 调查5位不同省的中国人。

	省	方言	身材	性格
1				
2				
3				
4				
5				

五　自我评估　SELF-EVALUATION

1 在完成学习后任务的时候，你用了多少刚学过的词语和句子，请画"✓"。

① 我用的生词数量是：
　　□5～10个　　□10～15个　　□15～20个　　□20个以上

② 我用的句子数量是：
　　□3～5个　　□5～10个　　□10～15个　　□15个以上

2 选择正确的应答。

① A：你认为，成功和快乐哪个比较重要？　（　　　）
　　B1：当然快乐比较重要，成不成功倒是次要的。
　　B2：当然快乐倒是比较重要，成不成功是次要的。

② A：在中国，北方人主要是什么样的性格特点？　（　　　）
　　B1：大多北方人比较豪爽。
　　B2：北方人大多比较豪爽。

③ A：你为什么决定去上海工作？ （　　　）

　B1：一方面在上海有我们的分公司，另一方面我在上海的朋友比较多。

　B2：一方面在上海有我们的分公司，第二方面我在上海的朋友比较多。

④ A：你知道长城吗？ （　　　）

　B1：当然了。长城是中国的象征，同时也是世界文化遗产。

　B2：当然了。长城同时是中国的象征，也是世界文化遗产。

⑤ A：小王叫我们周末去他家打牌。 （　　　）

　B1：我不愿在家看碟，也不想跟他们打牌。

　B2：我宁愿在家看碟，也不想跟他们打牌。

⑥ A：这个电话号码的最后一位是几，你看得清楚吗？ （　　　）

　B1：总之不会是别的数字，要么是1，要么是7。

　B2：要么是1，要么是7，总之不会是别的数字。

3 答一答。

① 你现在知道中国的几种方言？ （　　　）

　A. 5种　　　　　　　B. 5种以下　　　　　　C. 5种以上

② 你现在可以用汉语介绍中国南方人、北方人的特点吗？ （　　　）

　A. 可以　　　　　　B. 不可以

③ 你能用其他国家的例子来解释"一方水土养一方人"吗？ （　　　）

　A. 能　　　　　　　B. 不能

④ 你能用汉语介绍在中国生活的感受吗？ （　　　）

　A. 能　　　　　　　B. 不能

4 关于"一方水土养一方人"，你现在了解到哪些新的信息？

① _____

② _____

③ _____

词语总表 **Vocabulary**

A

爱屋及乌	ài wū jí wū		2

B

拜年	bài nián		13
包含	bāohán	动	1
保存	bǎocún	动	15
保证	bǎozhèng	名/动	6
报名	bào míng		12
抱怨	bàoyuàn	动	4
逼	bī	动	4
必不可少	bì bù kě shǎo		11
变形	biàn xíng		6
标准	biāozhǔn	名	2
补习	bǔxí	动	10
不拘小节	bùjū xiǎojié		15
不堪回首	bùkān huíshǒu		10
不以为然	bù yǐ wéi rán		8
布置	bùzhì	动	13

C

参考	cānkǎo	动	6
操心	cāo xīn		5
差异	chāyì	名	15
朝	cháo	介	1
车厢	chēxiāng	名	15
撑	chēng	动	3
承受	chéngshòu	动	7
诚实	chéngshí	形	14
充分	chōngfèn	形	5
充沛	chōngpèi	形	12
充实	chōngshí	形	10
充足	chōngzú	形	1
出路	chūlù	名	14
创造	chuàngzào	动	3

| 粗暴 | cūbào | 形 | 4 |
| 催 | cuī | 动 | 7 |

D

打击	dǎjī	动	14
大方	dàfang	形	11
大手大脚	dà shǒu dà jiǎo		4
带领	dàilǐng	动	5
贷款	dàikuǎn	动/名	1
当初	dāngchū	名	8
得罪	dézuì	动	15
地理	dìlǐ	名	1
地域	dìyù	名	15
递	dì	动	14
典型	diǎnxíng	形	12
碟	dié	名	9
丢三落四	diū sān là sì		12
独处	dúchǔ	动	7
独立	dúlì	动	4
度日如年	dùrì rú nián		10
堆	duī	量	6
对象	duìxiàng	名	2

E

| 鹅毛 | émáo | 名 | 13 |

F

发育	fāyù	动	4
罚息	fá xī		11
烦心	fánxīn	形	6
烦躁	fánzào	形	7
反正	fǎnzhèng	副	5
房东	fángdōng	名	1
放任	fàngrèn	动	4
分析	fēnxī	动	14
份	fèn	量	3
风味	fēngwèi	名	3
辅导	fǔdǎo	动	4
负责	fùzé	动	1

富裕	fùyù	形	11

G

赶	gǎn	动	5
根据	gēnjù	介	3
公用	gōngyòng	动	1
功能	gōngnéng	名	11
固定	gùdìng	形	11
固然	gùrán	连	14
刮目相看	guāmù xiāng kàn		3
观念	guānniàn	名	2
光顾	guānggù	动	9
光明正大	guāngmíng zhèngdà		10
光线	guāngxiàn	名	1
规范	guīfàn	形/名	14
过程	guòchéng	名	10

H

海滩	hǎitān	名	5
海鲜	hǎixiān	名	5
毫不犹豫	háo bù yóuyù		9
后悔	hòuhuǐ	动	4
划算	huásuàn	形	6
画廊	huàláng	名	5
怀疑	huáiyí	动	8
环保	huánbǎo	形/名	12
缓解	huǎnjiě	动	7
恢复	huīfù	动	7
荤	hūn	名	3

J

几乎	jīhū	副	15
鸡毛蒜皮	jī máo suàn pí		8
积劳成疾	jī láo chéng jí		12
基础	jīchǔ	名	15
及时	jíshí	副/形	11
吉利	jílì	形	13
吉祥	jíxiáng	形	13
即将	jíjiāng	副	14

即使……也……	jíshǐ……yě……		13
嫉妒	jídù	动	8
既然……就……	jìrán……jiù……		3
嫁	jià	动	2
坚持	jiānchí	动	5
简洁	jiǎnjié	形	11
简历	jiǎnlì	名	14
讲究	jiǎngjiu	动	3
奖金	jiǎngjīn	名	7
交流	jiāoliú	动	2
结交	jiéjiāo	动	10
解气	jiě qì		2
介意	jièyì	动	15
借口	jièkǒu	名	8
谨慎	jǐnshèn	形	6
尽兴	jìnxìng	动	5
精	jīng	形	1
精力	jīnglì	名	9
精明	jīngmíng	形	15
竞聘	jìngpìn	动	7
就业	jiù yè		7
举办	jǔbàn	动	2
具体	jùtǐ	形	5
俱乐部	jùlèbù	名	12
俱全	jùquán	形	13
据说	jùshuō	动	5
聚集	jùjí	动	9
绝对	juéduì	副	9

K

开放	kāifàng	形	2
开通	kāitōng	动	1
开展	kāizhǎn	动	8
靠	kào	动	9
科技	kējì	名	11
可怜	kělián	动/形	10
可惜	kěxī	形	6
客户	kèhù	名	8

啃	kěn	动	11
控制	kòngzhì	动	8
口味	kǒuwèi	名	3
跨国	kuà guó		2
困扰	kùnrǎo	动	14

L

懒惰	lǎnduò	形	12
牢骚	láosāo	名	9
烙饼	làobǐng	名	3
乐趣	lèqù	名	6
利益	lìyì	名	15
例外	lìwài	动/名	9
恋爱	liàn'ài	动/名	10
亮点	liàngdiǎn	名	14
列入	lièrù	动	12
陆续	lùxù	副	13
录用	lùyòng	动	14
落后	luòhòu	形/动	15
落伍	luò wǔ		11

M

麻将	májiàng	名	13
蚂蚁	mǎyǐ	名	14
满足	mǎnzú	动	6
忙碌	mánglù	形	9
煤气	méiqì	名	1
秘诀	mìjué	名	6
免费	miǎn fèi		3
勉强	miǎnqiǎng	动	9
面临	miànlín	动	7
面试	miànshì	名/动	14
名不虚传	míng bù xū chuán		5
明明	míngmíng	副	14
陌生	mòshēng	形	10
莫名其妙	mò míng qí miào		7
目标	mùbiāo	名	12

N

难怪	nánguài	动/副	10
难免	nánmiǎn	形	8
溺爱	nì'ài	动	4
念头	niàntou	名	8
宁静	níngjìng	形	5
宁可	nìngkě	副	15

P

盼	pàn	动	8
盼望	pànwàng	动	10
培养	péiyǎng	动	3
配	pèi	动	6
批	pī	量	3
偏偏	piānpiān	副	8
平淡	píngdàn	形	8
平原	píngyuán	名	15
评价	píngjià	名/动	6
屏幕	píngmù	名	6
破坏	pòhuài	动	15

Q

齐全	qíquán	形	1
起码	qǐmǎ	形	14
强迫	qiǎngpò	动	12
勤快	qínkuai	形	2
轻松	qīngsōng	形	10
清闲	qīngxián	形	11
情意	qíngyì	名	13
取而代之	qǔ ér dài zhī		15
娶	qǔ	动	2
圈子	quānzi	名	2
缺乏	quēfá	动	4

R

人际	rénjì	形	10
人生	rénshēng	名	4
忍让	rěnràng	动	8

日新月异	rì xīn yuè yì		11
如今	rújīn	名	3
入乡随俗	rù xiāng suí sú		3
软件	ruǎnjiàn	名	11

S

涩	sè	形	10
擅长	shàncháng	动	12
伤脑筋	shāng nǎojīn		7
奢侈	shēchǐ	形	11
舍得	shěde	动	9
社团	shètuán	名	10
身影	shēnyǐng	名	3
省	shěng	动	1
省得	shěngde	连	6
剩	shèng	动/形	2
失眠	shī mián		7
失意	shīyì	形	9
时代	shídài	名	1
时髦	shímáo	形	6
实惠	shíhuì	形	13
实在	shízài	形/副	12
食欲不振	shíyù búzhèn		7
事实	shìshí	名	4
事业	shìyè	名	2
适当	shìdàng	形	10
收获	shōuhuò	名/动	9
守岁	shǒu suì		13
受伤	shòu shāng		2
受罪	shòu zuì		9
鼠标	shǔbiāo	名	6
摔	shuāi	动	6
爽	shuǎng	形	11
顺从	shùncóng	动	4
说明	shuōmíng	动	4
送终	sòng zhōng		13
搜集	sōují	动	14
俗话	súhuà	名	15

249

| 素 | sù | 名 | 3 |
| 缩水 | suō shuǐ | | 6 |

T

谈判	tánpàn	动	15
掏	tāo	动	6
提供	tígōng	动	1
提醒	tíxǐng	动	8
体会	tǐhuì	动/名	12
体育	tǐyù	名	10
替	tì	介	4
天分	tiānfèn	名	12
跳槽	tiào cáo		1
帖子	tiězi	名	1
通讯	tōngxùn	动	11
痛苦	tòngkǔ	形	4
推销	tuīxiāo	动	14

W

外企	wàiqǐ	名	15
完美	wánměi	形	2
往返	wǎngfǎn	动	5
旺盛	wàngshèng	形	9
唯一	wéiyī	形	14
委屈	wěiqu	形	4
位置	wèizhi	名	1
胃口	wèikǒu	名	7
温柔	wēnróu	形	2
稳定	wěndìng	形	2
无聊	wúliáo	形	11
误解	wùjiě	名/动	9

X

喜气洋洋	xǐqì yángyáng		13
细腻	xìnì	形	15
下载	xiàzài	动	11
闲暇	xiánxiá	名	9
贤惠	xiánhuì	形	2
显得	xiǎnde	动	13

线路	xiànlù	名	5
限制	xiànzhì	动	5
陷阱	xiànjǐng	名	6
相符	xiāngfú	形	14
相关	xiāngguān	动	14
相亲	xiāng qīn		2
详细	xiángxì	形	5
享受	xiǎngshòu	动	5
想象	xiǎngxiàng	动	7
向往	xiàngwǎng	动	5
象征	xiàngzhēng	动	13
消费	xiāofèi	动	3
销售	xiāoshòu	动	7
欣赏	xīnshǎng	动	5
新颖	xīnyǐng	形	6
信息	xìnxī	名	1
信用	xìnyòng	名	11
行程	xíngchéng	名	5
幸亏	xìngkuī	副	13
休闲	xiūxián	动	9
叙旧	xù jiù		9
选修	xuǎnxiū	动	10
学业	xuéyè	名	10

Y

压岁钱	yāsuìqián	名	13
言听计从	yán tīng jì cóng		8
厌烦	yànfán	动	11
养生	yǎngshēng	动	12
邀请	yāoqǐng	动	13
业务	yèwù	名	8
夜宵	yèxiāo	名	10
一举两得	yì jǔ liǎng dé		12
一向	yíxiàng	副	9
一言为定	yì yán wéi dìng		15
依赖	yīlài	动	4
抑郁	yìyù	形	7
意愿	yìyuàn	名	4

营养	yíngyǎng	名	13
影响	yǐngxiǎng	动	4
应酬	yìngchou	动	8
应聘	yìngpìn	动	7
优势	yōushì	名	14
优雅	yōuyǎ	形	9
犹豫	yóuyù	形	1
幼稚	yòuzhì	形	14
诱惑	yòuhuò	动	6
娱乐	yúlè	动	9
瑜伽	yújiā	名	7
郁闷	yùmèn	形	7
预防	yùfáng	动	12
预料	yùliào	名/动	15
冤枉	yuānwang	动	8
元宝	yuánbǎo	名	13
原本	yuánběn	副	15
运气	yùnqi	名	1
运行	yùnxíng	动	11
韵味	yùnwèi	名	15

Z

在乎	zàihu	动	8
枣	zǎo	名	12
造成	zàochéng	动	7
则	zé	连	3
责任	zérèn	名	4
增进	zēngjìn	动	12
长辈	zhǎngbèi	名	13
招财	zhāo cái		13
招聘	zhāopìn	动	14
折扣	zhékòu	名	6
证明	zhèngmíng	动	4
政策	zhèngcè	名	15
支持	zhīchí	动	8
直率	zhíshuài	形	8
值得	zhídé	动	10
职位	zhíwèi	名	7

至少	zhìshǎo	副	7
制定	zhìdìng	动	12
置身	zhìshēn	动	11
中介	zhōngjiè	名	1
终身	zhōngshēn	名	2
主动	zhǔdòng	形	2
专业	zhuānyè	名	10
转眼	zhuǎnyǎn	动	5
装修	zhuāngxiū	名/动	1
追求	zhuīqiú	动	11
咨询	zīxún	动	1
自助	zìzhù	动	5
走马观花	zǒu mǎ guān huā		5
琢磨	zuómo	动	9
做操	zuò cāo		12
做东	zuò dōng		3
做主	zuò zhǔ		12

专有名词　Proper Nouns

L

M

S

Z

鲁	Lǔ	3
闽	Mǐn	3
苏	Sū	3
浙	Zhè	3

部分练习参考答案
Answers to Some Exercises

第一单元　租房

五、自我评估

2. 选择正确的应答。

答案　① B1　② B2　③ B1　④ B1　⑤ B1　⑥ B2

第二单元　幸福

五、自我评估

2. 选择正确的应答。

答案　① B2　② B1　③ B2　④ B1　⑤ B2　⑥ B2

第三单元　饮食

五、自我评估

2. 选择正确的应答。

答案　① B2　② B1　③ B1　④ B2　⑤ B1　⑥ B1　⑦ B2

第四单元　教育

五、自我评估

2. 选择正确的应答。

答案　① B1　② B2　③ B1　④ B1　⑤ B2　⑥ B2

第五单元　旅游

五、自我评估

2. 选择正确的应答。

答案　① B1　② B1　③ B2　④ B2　⑤ B1　⑥ B1

第六单元　购物

五、自我评估

2. 选择正确的应答。

答案　① B2　② B1　③ B1　④ B2　⑤ B1　⑥ B2

第七单元　压力

五、自我评估

2. 选择正确的应答。

答案　① B1　② B2　③ B1　④ B1　⑤ B1　⑥ B1

第八单元　家庭

五、自我评估

2. 选择正确的应答。

答案　①B1　②B2　③B1　④B2　⑤B1　⑥B2

第九单元　娱乐

五、自我评估

2. 选择正确的应答。

答案　①B2　②B1　③B2　④B2　⑤B1　⑥B1

第十单元　求学之路

五、自我评估

2. 选择正确的应答。

答案　①B1　②B2　③B2　④B1　⑤B1　⑥B1

第十一单元　现代生活

五、自我评估

2. 选择正确的应答。

答案　①B2　②B2　③B1　④B2　⑤B2　⑥B1

第十二单元　健康

五、自我评估

2.选择正确的应答。

答案　①B2　②B1　③B1　④B1　⑤B1　⑥B2

第十三单元　中国年

五、自我评估

2.选择正确的应答。

答案　①B2　②B1　③B2　④B1　⑤B2　⑥B1

第十四单元　求职

五、自我评估

2.选择正确的应答。

答案　①B1　②B2　③B1　④B2　⑤B1　⑥B2

第十五单元　感受中国

五、自我评估

2.选择正确的应答。

答案　①B1　②B2　③B1　④B1　⑤B2　⑥B2